CORRUPCIÓN
LAS CLOACAS DEL PODER

nowtilus
frontera

CORRUPCIÓN
LAS CLOACAS DEL PODER

ESTRATEGIAS Y MENTIRAS DE LA POLÍTICA MUNDIAL

¿Por qué y cómo nos manipulan?

MIGUEL PEDRERO

www.investigacionabierta.com
www.nowtilus.com

Serie: **Nowtilus Frontera**
Colección: **Investigación Abierta**
www.nowtilus.com
www.investigacionabierta.com

Título de la obra: **Corrupción. Las cloacas del poder.**
Autor: © **Miguel Pedrero**

Editor: **Santos Rodríguez**
Director de la colección: **Fernando Jiménez del Oso**
Director editorial: **David. E. Sentinella**
Responsable editorial: **Teresa Escarpenter**

Diseño y realización de cubiertas: **Carlos Peydró**
Diseño de interiores: **Juan Ignacio Cuesta Millán**
Maquetación: **Juan Ignacio Cuesta y Gloria Sánchez**
Producción: **Grupo ROS (www.rosmultimedia.com)**

Editado por **Ediciones Nowtilus, S.L.**
www.nowtilus.com
Copyright de la presente edición:
2004 Ediciones Nowtilus, S.L.
Doña Juana I de Castilla, 44, 3.º C, 28027 MADRID

ISBN: 84-9763-099-8
EAN: 978-849763099-3
Fecha: Noviembre 2004

Printed in Spain
Imprime: Imprenta Fareso, S. A.
Depósito Legal: M. 44.563-2004

ÍNDICE

A L. Estuvo bien mientras duró

A todos aquellos que miran la realidad con ojos curiosos

CORRUPTOS...

LO TENGO AQUÍ AL LADO, DETRÁS DE MI ASIENTO, junto a otros que, desde hace meses, esperan a que, en un arranque, me los lleve a la consulta y los cuelgue en la pared. Es curioso como, con los años, a medida que uno crece en conocimiento y experiencia, los títulos académicos y los diversos diplomas van viéndose relegados a lugares cada vez menos preeminentes, hasta, como es mi caso, pasarse varios años pendientes de que alguien, obviamente yo, los coloque en el "nuevo" despacho. Sin embargo, no existe desprecio alguno en esa actitud displicente, cada una de esas cartulinas orladas representa etapas de la propia vida, esfuerzo, algún que otro sinsabor, no pocas satisfacciones y, desde luego, muchas anécdotas. Al que me refiero en las primeras líneas, es un diploma, fechado el 3 de diciembre de 1965, que acredita mi aprovechamiento en el Curso de Investigación Criminal impartido por la Escuela de Medicina Legal de la Universidad de Madrid.

En la última planta de la antigua facultad de San Carlos había varias espaciosas salas que bien podían haber formado parte del decorado de una película de la Universal. Si la hubiera buscado, quizá hubiese encontrado una puerta secreta por la que acceder al laboratorio del Dr. Frankenstein. El techo quedaba allá arriba, sumido permanentemente en las sombras, y enormes estanterías trataban inútilmente de alcanzarlo. En ellas, encerradas en urnas de cristal llenas de formol, había innumerables piezas anatómicas procedentes de asesinatos, suicidios y accidentes, así como una galería de fetos monstruosos con toda la variedad de malformaciones imaginable. Una estufa de carbón en medio de una de las habitaciones, proporcionaba el calor suficiente para no quedar congelados los que hacíamos allí las prácticas; aun así, el ambiente resultaba más confortable que el de la sala de autopsias, otro escenario en el que discurrió buena parte de aquel curso. Nuestras herramientas principales eran la lupa, las pinzas, el microscopio y la luz ultravioleta, pero en lo que más empeño ponían los profesores era en que desarrollásemos al máximo nuestra capacidad de observación y el sentido común, que siguen siendo las armas más efectivas para resolver un crimen. Sería exagerado decir que terminamos siendo expertos criminalistas, pero quienes participamos en aquellos cursos, entre los que había inspectores de policía, abogados y alumnos de los últimos cursos de medicina, adquirimos una buena base, que es de lo que se trataba. Por lo que a mí respecta, esa formación me ha sido útil para leer novelas policíacas con más conocimiento de causa, porque, terminada la carrera, me especialicé en psiquiatría y es a esa rama de la medicina a la que me he dedicado en exclusiva durante estos últimos treinta y seis años.

La ventaja de escribir un prólogo es que el peso del libro, lo mismo que el mérito, recae sobre el autor, y el prologuista puede perderse en divagaciones más o menos oportunas, sin otro fin que situar al lector ante el tema, cosa que todavía no he hecho, pero que haré inmediatamente.

En aquél curso de Investigación Criminal del que guardo tan buenos recuerdos, era frecuente que, como parte de las prácticas, comentásemos los crímenes que, de cuando en cuando, publicaban los periódicos, analizando los datos disponibles, las posibles líneas de investigación, etc. Cuando iniciamos el curso, el magnicidio de Dallas (22 de noviembre de 1963) estaba aún reciente. Habíamos visto una y mil veces las imágenes del asesinato del presidente Kennedy y las de la muerte de su presunto asesino, Lee H. Oswald, a manos de Jack Ruby, un mafiosillo local autoerigido en ángel vengador. Fue un hecho que conmovió al mundo, pero que, para nosotros, alevines de criminólogos, tenía el interés añadido de contar con más de un aspecto oscuro. La investigación efectuada, realizada, sin duda, por los mejores y más expertos "sabuesos" de Norteamérica iba a ser —eso imaginábamos— un ejemplo de minuciosidad, de método y de rigor: ni una sola pieza quedaría sin encajar. No le costará al lector imaginar con que ansiedad esperábamos tener en nuestras manos el célebre Informe Warren, debidamente traducido, para aprender cómo se investiga de verdad.

Ese día llegó y, cómo corresponde, leímos con detenimiento cada una de las páginas que se relacionaban con las materias que eran objeto de nuestro estudio. Para no hacer larga la historia: del estupor, pasamos a las carcajadas y, de éstas, a la indignación. Nada se hizo correctamente, comenzando por la elección de cirujanos para hacer la necropsia, en vez de forenses con experiencia, que es lo que se ocurriría al juez más lerdo, y terminando por los estudios de balística. Lo de la "bala mágica" es el despropósito más grande, la estupidez más sublime que jamás se haya publicado en los anales de la criminología. Resultaba tan palmario que hubo varios tiradores y que el informe no tenía otro objetivo que ocultar la verdad, fuese cual fuese, camuflándola con una investigación y unas conclusiones sólo aptas para imbéciles, que el ochenta por ciento de la población norteamericana de entonces, ejemplo de candidez y fe en las instituciones, no se sintió satisfecha. Lo extraordinario o, mejor dicho, lo que confirma la existencia de un complot desde las más altas esferas para acabar con JFK, es que hoy, transcurridos más de cuarenta años, el Informe Warren sigue siendo la versión oficialmente aceptada.

Aquellos acontecimientos significaron el fin de la inocencia. La simplista versión que el ciudadano común tenía de un mundo dividido entre "buenos" y "malos", en el que unos y otros respondían a principios, quizá equivocados, pero asumidos con sinceridad, fue cambiando por otra a medida que los periodistas e investigadores independientes, perdido ya el respeto a quienes no lo merecían, fueron desvelando que "malos" y "buenos" tenían acuerdos entre ellos, que el destino de pueblos y naciones se decidía por razones estratégicas y económicas, sin importar cuantos millones de vidas se perdieran o cuantas libertades fundamentales resultaran pisoteadas, y que, en definitiva, lo que se nos viene vendiendo a la gente de a pie —simples peones y, si conviene, víctimas propiciatorias— es, sin ambages, una sucia mentira envuelta en grandilocuencia, patrioterismo y, lo que ya clama al Cielo, altruismo y nobleza.

Nada, absolutamente nada, de lo que nos llega a través de políticos, instituciones y grupos mediáticos merece, en principio, crédito. La única actitud sensata a estas alturas es la desconfianza y la única arma a nuestro alcance, la denuncia. Dejar en evidencia los torticeros intereses de quienes detentan el poder no sirve de mucho y entraña serios riesgos para quienes investigan y denuncian, pero, cuando menos, deja claras cuales son las reglas del juego.

Lo que el lector va a encontrar en este descarnado y veraz libro de Miguel Pedrero no induce precisamente al optimismo. Es el resultado de un trabajo de investigación largo y concienzudo, extendido a diferentes escenarios y acontecimientos del pasado reciente y a otros de la más rabiosa actualidad, que muestra cómo es realmente el mundo en que vivimos, la sociedad que entre todos hemos construido. Si, después de conocer los hechos, conviene o no tomar otra actitud que la resignación, es algo que cada uno debe plantearse individualmente.

FERNANDO JIMÉNEZ DEL OSO

Introducción

UN AMIGO, CURTIDO PERIODISTA DE INVESTIGACIÓN, dice que en los informativos de televisión deberían aparecer unas letras bien grandes en la pantalla que dijeran algo así como *"cualquier parecido con la realidad es pura coincidencia"*. Y es que si nos paramos a pensar, enseguida nos daremos cuenta de que sólo accedemos a "retazos" de la realidad. Estamos acostumbrados a ver en la televisión, escuchar en la radio o leer en los periódicos informaciones sobre terrorismo, guerras, matanzas, narcotráfico, protestas sociales, corrupción, etc, pero la información que recibimos es momentánea y centrada únicamente en el hecho en sí, sin la mayor profundización. Si hiciéramos el ejercicio de "bucear" en cada una de esas noticias, intentando informarnos en diferentes fuentes, nos daríamos cuenta de la verdadera trascendencia de ese hecho y su relación con otras circunstancias políticas, sociales o económicas que jamás habríamos sospechado.

Ese es el fin de este libro, ir más allá, profundizar en estos espinosos asuntos sin eufemismos y olvidando por completo la máxima de lo "políticamente correcto", tan de moda en la prensa actual. Es entonces, guiándonos sin corsés ideológicos o interesados, cuando surge ante nuestros ojos un nuevo mundo, el mundo de los servicios de inteligencia, las grandes corporaciones internacionales, los enfrentamientos geopolíticos entre potencias o las inconfesables alianzas políticas y económicas de diferentes poderes; un mundo en el que se difuminan las ideologías, las izquierdas y las derechas o las diferencias entre gobernantes y criminales. Es el mundo real: injusto, salvaje, competitivo, en el que la vida humana está supeditada a otros intereses más "importantes".

Pero eso sí, a pesar de todo nunca hay que perder el optimismo; por fortuna todavía quedan millones de personas de buen corazón, idealistas que luchan cada día por un mundo mejor o soñadores en todos los ámbitos de la vida. El mundo siempre ha sido injusto, sí, pero a la vez apasionante y misterioso. Vale la pena vivir, gozar de la existencia, dejar a un lado nuestros estúpidos rencores, ayudar a nuestros semejantes, y sobre todo nunca perder la esperanza ni la curiosidad. Hay tanto por descubrir y por disfrutar...

"Detrás de la Revolución de Octubre hay personajes mucho más influyentes que los pensadores y ejecutores del marxismo".

V. LENIN. Líder de la Revolución Bolchevique
y presidente de la URSS de 1917 a 1924.

CAPÍTULO 1

Comunistas por la gracia del "dios" banca

Cómo los grandes intereses bancarios financiaron la Revolución Bolchevique y otros movimientos revolucionarios

ESTAMOS ACOSTUMBRADOS A ESTUDIAR que la Revolución Rusa fue llevada a cabo por unos comunistas que se hicieron con el poder, que la URSS y Estados Unidos se enfrentaron durante décadas en la llamada Guerra Fría, o que los movimientos revolucionarios luchan contra el capitalismo. Sin embargo, tras leer este capítulo verá que las cosas no están tan claras.

CON SEGURIDAD, UNO DE LOS INVESTIGADORES que más se preocupó sobre el enorme poder de los grandes banqueros fue Carroll Quigley, profesor de Harvard, Princeton y Georgetown, y tutor de toda una saga de políticos e intelectuales estadounidenses que han llegado a los puestos de mayor responsabilidad en la administración norteamericana, entre otros, del ex presidente Bill Clinton, en Georgetown. El profesor Quigley escribe: *"Yo sé de las operaciones de esta conspiración, porque la he estudiado durante veinte años, y se me permitió, durante dos años, a principios de 1960, examinar sus papeles y registros secretos... Me he opuesto, recientemente y en el pasado a algunas de sus políticas... Pero, en general, mi principal diferencia de opinión es que desea permanecer secreta, y creo que su rol en la historia es suficientemente significativo para ser dado a conocer".*

La conspiración de la banca internacional

EL VERDADERO INICIADOR DE LA CONSPIRACIÓN BANCARIA no es ninguna sociedad secreta, sino un ingenioso personaje llamado Meyer Amschel Rothschild (1743-1812). A diferencia de otros colegas, el banquero alemán se dio cuenta de que la mejor forma de hacer fortuna era prestar grandes sumas de dinero a diferentes potencias europeas, a un alto interés. El único problema consistía en que esos países pagaran los préstamos. Rothschild era consciente de la posibilidad que los grandes reyes y gobernantes se negaran a reembolsar la deuda, e incluso intentaran matarle. Una forma de asegurar la devolución del préstamo era lograr cierto poder en esos gobiernos para, de este modo, poseer la facultad de intervenir en su política nacional. La celada consistía en que si el rey o gobernante intentaba desviarse de la línea marcada por el gran banquero, financiaba a su enemigo o rival. Es decir, toda nación debe tener un enemigo; y si no existía, Rothschild se encargaba de crearlo.

Para llevar a cabo su plan, el banquero repartió sus hijos por Europa, creando diferentes sucursales de su entidad. A lo largo del siglo XIX se puede apreciar la influencia de los Rothschild en buena parte de los conflictos europeos. El profesor de economía Stuart Crane escribe: *"Si uno*

Carroll Quigley, profesor de las universidades de Harvard, Georgetown y Princeton, además de tutor de importantes políticos estadounidenses como Bill Clinton. Quigley trabajó durante un tiempo para los grandes intereses bancarios y afirma que la banca internacional domina el mundo desde la sombra, apoyando y financiando según convenga a revolucionarios izquierdistas, democracias o dictaduras de derechas.

mira hacia atrás, se da cuenta de que cada guerra en Europa durante el siglo XIX, terminaba con el establecimiento de una balanza de poder. Cada vez que se barajaban los naipes, había un balance de poder en un nuevo agrupamiento alrededor de la Casa de Rothschild en Inglaterra, Francia o Austria... Investigando los estados de deuda de las naciones en guerra, generalmente indicarán quien será castigado". Años más tarde, otras familias de banqueros se apuntarían al mismo juego de influencia sobre los estados y naciones. Nos referimos fundamentalmente a los Warburg, Schiff, Morgan, Kuhn, Loeb o Rockefeller, verdaderos planificadores junto a los Rothschild de la historia de los siglos XIX y XX.

Algunas de las prebendas por los préstamos a naciones se referían a concesiones de explotación de recursos naturales, facilidades en todo tipo de industrias, etc. Pero las grandes familias de banqueros lo que ansiaban realmente era el control del dinero nacional. Para ello consiguieron que las principales potencias europeas, como pago a los préstamos, les concediesen el control de sus bancos centrales. Así nacieron los bancos centrales de Alemania, Inglaterra o Francia. Sobre esta cuestión, el *London Financial Times* del 26 de septiembre de 1921 publicaba que *"media docena de hom-*

bres, en la cumbre de los cinco grandes bancos, podrían alterar toda la obra finan-ciera del gobierno". En Estados Unidos, el presidente Thomas Jefferson, temiéndose lo que se avecinaba, escribía en una carta dirigida a John Adams: *"Creo sinceramente, como tú, que los establecimientos bancarios son más peligrosos que los ejércitos en pie".*

Cada vez un mayor número de políticos se percataban de que las grandes familias de banqueros en vez de competir entre si, más bien constituían alianzas para llevar a cabo un plan de acción común. Estas alianzas no se llevaron a cabo con fusiones bancarias como muchos lectores pueden estar pensando, sino por medio de lazos mucho más fuertes. Nos referimos a los lazos matrimoniales. Así, con las uniones de sangre, comienza la verdadera historia del poder mundial y la globalización. Veamos algunos ejemplos: Paul Warburg se casó con Nina Loeb; Félix Warburg con Fiedra Schiff; la hija de Nelson Aldrich, agente de la banca Morgan, se une a John D. Rockefeller, etc.

Una vez conseguido el poder europeo, los conspiradores pusieron sus ojos en Estados Unidos, pieza fundamental para obtener el poder absoluto. Su plan era fomentar la creación de un banco central estadounidense que controlarían totalmente, al igual que estaban haciendo con los grandes bancos europeos. El senador Nelson Aldrich, recordemos, agente de los Morgan, se dedicó junto a Paul Warburg a fomentar la idea de una "transformación bancaria" en Estados Unidos. En 1907 se produce un pánico bancario de cierta relevancia fomentado por la banca Morgan, por lo que Aldrich consigue el apoyo del Senado para presidir la Comisión Monetaria Nacional del Senado. Desde esa privilegiada posición, Aldrich organizó a finales de 1910 la reunión secreta más importante de la historia de los Estados Unidos y probablemente del mundo. En la Isla Jekyl se reunieron Paul Warburg; Benjamin Strong, presidente de la Banker´s Trust, propiedad de los Morgan; Henry P. Davinson, miembro de la compañía J. P. Morgan; Frank A. Vanderlip, presidente del National City Bank, propiedad de Rockefeller y P. Piatt Andrew, segundo secretario de la Tesorería de los Estados Unidos. Allí decidieron, según confesaría Vanderlip en sus memorias, la creación del Banco Central estadounidense. Los participantes acordaron evitar este nombre para no levantar las suspicacias del público y decidieron llamarle Reserva Federal. El informe de la Comisión Monetaria y la ley del sistema de la Reserva Federal también fueron elaborados en dicha reunión.

Sin embargo, la ley Aldrich no fue aprobada por el Congreso y los conspiradores tuvieron que esperar un par de años para llevar a cabo sus planes. El problema se resolvió en las elecciones presidenciales de T. Roosevelt, Wilson y Taft. Los dos primeros fueron apoyados en su campaña por los mismos que idearon la ley de la Reserva Federal. Cuando Wilson ganó las elecciones, inmediatamente consiguió que el Congreso aprobase la ley. Los "conspiradores" controlaban ya el Banco Central de los Estados Unidos. Wright Patman, presidente de la Comisión Bancaria del Congreso, advirtió refiriéndose a la creación de la Reserva Federal: *"En los Estados Unidos de hoy tenemos, en efecto, dos gobiernos... Un gobierno legal debidamente constituido y otro independiente, sin control ni coordinación, esto es el sistema de la Reserva Federal"*. Por su parte el senador C. A. Lindbergh afirmó que *"este acto establece el trust más poderoso de la tierra... Cuando el presidente firme este acto, el gobierno invisible del poder monetario será legalizado"*. Desde entonces las depresiones económicas son totalmente planificadas, incluido el famoso "crack" de 1929, tal como reconoció Louis MacFadden, presidente de la Comisión Bancaria y Comité de Circulante del Congreso.

De este modo los conspiradores consiguieron que, gracias a la creación de la Reserva Federal, la deuda externa de Estados Unidos aumentase en billones de dólares que la nación debía pagar a las grandes familias de banqueros, en realidad los verdaderos dueños de la gran potencia.

Intereses económicos y guerras mundiales

EN 1916 WILSON FUE REELEGIDO como presidente de Estados Unidos. Uno de sus eslóganes era: *"Él nos mantuvo alejados de la guerra"*. Por el contrario, sus intenciones eran bien distintas. El coronel House, agente de la gran banca internacional, mano derecha de Wilson y presidente estadounidense en la sombra, tenía la orden de inducir a Estados Unidos a entrar en la I Guerra Mundial (1914-1918). En el fondo los motivos de la gran guerra europea eran estrictamente comerciales. La gran banca había prestado grandes sumas de dinero a Gran Bretaña, implicándose enormemente en su industria y comercio. Sin embargo, los negocios comerciales británicos se veían frenados por la competencia cada vez más dura de Alemania. A la banca le interesaba una guerra para no perder buena parte de sus intereses en Gran Bretaña. Además, necesitaban urgentemente el auxilio militar de Estados Unidos. En este empeño utilizaron a todos sus agentes norteamericanos, sobre todo al coronel House, y todo su poder mediático. La mayoría de los grandes periódicos de la época, igual que sucede en la actualidad, estaban en manos de la gran banca.

La excusa perfecta para entrar en la guerra en auxilio de los británicos vino dada por el hundimiento del *Lusitania* por submarinos alemanes. La muerte de ciudadanos estadounidenses en el incidente fue utilizado hasta la saciedad por los periódicos para crear un clima de opinión propicio a la participación en la guerra. La verdad sobre el hundimiento del *Lusitania* es, como siempre suele suceder, completamente diferente a lo divulgado por la prensa de la época. Tanto Gran Bretaña como Alemania llevaban a cabo un duro enfrentamiento submarino con la intención de que no llegaran municiones al bando contrario. El *Lusitania* iba cargado de municiones para el bando británico. De hecho, el gobierno alemán había publicado varios avisos en la prensa norteamericana para que ningún ciudadano de ese país viajase en el *Lusitania*, aduciendo que sería hundido, porque tal como se comprobó posteriormente viajaba cargado de municiones. Finalmente en 1917, y bajo el lema *"La guerra para acabar con todas las guerras"*, Estados Unidos entró en el conflicto. Al mismo tiempo, los conspiradores sacaban pingües beneficios de la industria bélica, además de aumentar la deuda de las naciones en guerra, lo que aumentaba su poder. El propio Winston Churchill confesó que si Estados Unidos no hubiese entrado en la guerra, *"la paz se habría logrado con Alemania, no hubiese habido colapso alguno por el que Rusia optara por el comunismo, ni caída del gobierno en*

Italia, seguida por el fascismo, y el nazismo nunca hubiese ganado ascendencia en Alemania". Sin comentarios…

Los conspiradores también fueron en buena medida los responsables de la subida de Hitler y toda su corte de lunáticos al poder. El partido nazi obtuvo todo tipo de apoyos desde los grandes centros financieros. Los grandes banqueros creían que sólo con Hitler en el poder se podría evitar que se llevase a cabo el plan de recuperación económica ideado por el doctor Wilhem Lauterbach.

El principal agente de los conspiradores en esta operación era Greeley Schacht, presidente del Banco Central de Alemania y desde siempre vinculado a los intereses de la banca Morgan. Con su polémica renuncia al cargo, Schacht provocó una honda inestabilidad política, lo que originó que en apenas cuatro años Alemania tuviese otros tantos gobiernos ministeriales. El último de ellos, presidido por Von Schleicher, consiguió cierta estabilidad, lo que provocó un enorme desasosiego en los conspiradores.

Con el apoyo de Schacht, los banqueros internacionales consiguieron que Von Schleicher fuese defenestrado de su puesto de Canciller y colocaron en su lugar a Hitler, fuertemente apoyado por la gran banca con centro en Wall Street. En 1933, Hitler consiguió el apoyo de más del 90 % de la población, erigiéndose en Führer –caudillo–. Por supuesto que en la famosa "noche de los cuchillos largos" uno de los asesinados fue Von Schleicher, el único que podía hacer frente a los intereses oligárquicos que, unidos a las ansias de poder de un psicópata, provocaron la II Guerra Mundial.

Hitler, en contra de lo que pensaban los centros financieros, no siguió las consignas de los conspiradores y provocó una guerra sin precedentes. Todo fue un error de cálculo de los grandes intereses bancarios, sólo que el error se saldó con millones de muertos.

Los financieros de la Revolución Rusa

EL FAMOSO ANARQUISTA BAKUNIN declaró que *"los seguidores de Karl Marx tienen un pie en el banco y otro en el movimiento socialista"*. Desde luego no iba mal encaminado. Es un hecho que la Revolución Bolchevique que llevó a

Lenin al poder fue financiada por la banca internacional. Llevados por su afán de estar en todos los frentes, vieron inmediatamente la oportunidad de apoderarse del antiguo imperio zarista. Ansiaban controlar la banca rusa e introducir sus intereses industriales en un nuevo y extenso territorio sin explotar.

En plena I Guerra Mundial, Lenin viajó a través de Europa con más de seis millones de dólares para financiar a los revolucionarios rusos. La mayor parte de ese dinero procedía de Max Warburg. Recordemos que su hermano, Paul, fue uno de los conspiradores que hicieron posible el nacimiento de la Reserva Federal estadounidense. El tercer hermano, Félix Warburg, estaba casado con la hija de Jacob Schiff que, según declaró su nieto, John Schiff, ayudó con unos 20 millones de dólares al triunfo de la Revolución Bolchevique.

El banquero multimillonario Max Warburg entregó a Lenin casi seis millones de dólares para financiar la revolución bolchevique. El hermano de Max, Paul Warburg, fue uno de los fundadores del Banco Central —conocido como Reserva Federal— de los Estados Unidos.

Otro conocido revolucionario, León Trotsky, también recibió el apoyo de los conspiradores. Trotsky fue apresado por el ejército canadiense cuando se dirigía a Rusia junto a 275 hombres preparados para entrar en acción. Gracias al apoyo del coronel House, el principal agente de la banca internacional en Estados Unidos, Trotsky fue liberado y con ¡pasaporte estadounidense! se reunió con Lenin.

Arséne De Goulevitch, un ex general ruso implicado en la Revolución, afirma en su libro *Czarism and the Revolution* que los principales proveedores de fondos para la revolución fueron *"ciertos círculos británicos y americanos que, por mucho tiempo, habían prestado su apoyo a la causa revolucionaria rusa… El importante papel jugado por el acaudalado banquero americano Jacob Schiff en los eventos de Rusia, aunque todavía está sólo parcialmente revelado, ya no es un secreto".* De Goulevitch también asegura que fue informado por las autoridades de la época que *"más de veintiún millones de rublos fueron usados por Lord Milner en el financiamiento de la revolución rusa".*

Milner, un hombre cercano a la familia Rotschild, fue presidente de la Mesa de Rhodes, una organización secreta creada por el multimillonario Cecil Rhodes con el fin de asegurar la primacía británica en el mundo. A su muerte, Rhodes dejó buena parte de su fortuna y la dirección de la Mesa de Rhodes a Lord Rotschild, quien a través de becas a los mejores estudiantes británicos, el patrocinio de las carreras de políticos y la creación de diversas organizaciones de presión, consiguió crear un gobierno siempre a la sombra de los gobernantes de Gran Bretaña.

La filial en Estados Unidos de la organización creada por Rhodes es el Consejo de Relaciones Exteriores (CFR), una organización semiclandestina de la que han formado parte un gran número de presidentes y altos cargos políticos estadounidenses. No en vano el CFR depende de los grandes "Think Thanks" norteamericanos como las fundaciones Ford y Rockefeller o la Rand Corpora-

El banquero Jacob Schiff también financió abundantemente a los revolucionarios rusos.

tion. Además las más importantes fortunas bancarias e industriales también están representadas en el CFR a través de sus empresas periodísticas, de las que dependen diarios, televisiones, productoras cinematográficas, estaciones de radio, etc.

Por su parte, el ex general zarista Janin dejó escrito en su diario que un informante le dijo que la revolución bolchevique *"estaba manejada por los ingleses, más concretamente por Sir George Buchanan y Lord Milner"*. El mismo informante le aseguró que *"Petrogrado estaba lleno de ingleses. Él podría nombrar las calles y los números de las casas en las que los agentes británicos estaban alojados. Ellos*

El revolucionario Leon Trotsky fue liberado de una cárcel canadiense gracias a los grandes banqueros internacionales. Más tarde se reunió con Lenin portando un pasaporte estadounidense.

fueron informados durante el levantamiento para que distribuyeran dinero a los soldados para incitarlos a amotinarse". En este mismo sentido, el doctor Jorge A. Simons, sacerdote cristiano destinado a Petrogado en la época de la revolución, afirma que vio a *"centenares de agitadores salidos de los barrios bajos del este de Nueva York en el séquito de Trotsky"*.

Otro antiguo general ruso, Alexander Nechvolodov, también declaró públicamente que en la primavera de 1917 *"Jacob Schiff comenzó a subvencionar a Trotsky... Simultáneamente Trotsky y compañía también estaban siendo subvencionados por Max Warburg y Olaf Aschberg, del Nye Banken de Estocolmo, el Rhine Westphalian Syndicate y Jivotovsky, un rico empresario cuya hija acabó casándose con Trotsky"*.

Según el último embajador ruso en Estados Unidos antes de estallar la revolución bolchevique, al triunfar ésta, los bolcheviques transfirieron cientos de millones de rublos en oro a la banca Kuhn-Loeb. En este mismo sentido, periódicos estadounidenses tan poco dados a las tesis conspiranoicas como el *Washington Post* informaron en su día que los Morgan y los Rockefeller también financiaron a los revolucionarios. De hecho el propio David Rockefeller pasó sus vacaciones en el año 1964 nada más y nada menos que en la Unión Soviética, invitado por el gobierno comunista. Volvería a repetir la experiencia en varias ocasiones más a lo largo de su vida. No deja de ser paradójico que uno de los grandes capitalistas del mundo mantuviera tan buenas relaciones con los líderes de la "dictadura del proletariado". El propio Rockefeller le encargó a uno de sus asesores en relaciones públicas, Ivy Lee, la tarea de transmitir la idea a los nortea-

Ataque de los revolucionarios bolcheviques al Palacio de Invierno de Petrogrado el 7 de noviembre de 1917.

mericanos de que los bolcheviques eran simplemente unos idealistas incomprendidos que buscaban el bien de su pueblo.

Lo cierto es que en los archivos del Departamento de Defensa de Estados Unidos existe una misiva dirigida a un banquero y fechada en Estocolmo el 21 de setiembre de 1917, unas semanas antes de la Revolución, en la que se lee: *"La casa de la banca M. Warburg, a raíz de un telegrama del presidente del sindicato rhenano westfaliano, abrió una cuenta corriente para la empresa del camarada Trotsky. Un abogado, probablemente el señor Kestroff, recibió municiones, cuyo transporte organizó junto con el del dinero para el camarada Trotsky..."*.

En 1919, un informe remitido por el servicio de espionaje francés en los Estados Unidos a su gobierno se dice que en 1916 los espías franceses supieron por primera vez que se tramaba una revolución en Rusia en la que estaban comprometidos la banca Schiff, Kuhn Loeb, Warburg y otras. En este mismo documento se afirma: *"En la primavera de 1917 comenzó Jacob Schiff a pedir al judío Trotsky ayuda para hacer la revolución social en Rusia... Max Warburg comanditaba igualmente a Trotsky y compañía..."*.

La oligarquía financiera y la URSS

EXISTEN ABUNDANTES DATOS que apuntan a que los conspiradores no sólo financiaron a los bolcheviques, sino que apoyaron y sostuvieron a la URSS tanto económica como tecnológicamente, a través del trasvase de patentes e información técnica. Mientras las potencias occidentales se gastaban miles de millones de dólares en armarse contra el enemigo soviético, los conspiradores controlaban a los dos bandos. Su táctica era infalible. Ganara quien ganara, ellos nunca saldrían perdiendo. Veamos algunos ejemplos concretos sobre esta cuestión:

1. Según un informe del Departamento de Estado norteamericano, la banca Kuhn financió los cinco primeros años de los planes económicos de Stalin. Sobre esto mismo, el profesor Sutton en su historia en tres tomos sobre el desarrollo tecnológico soviético cita un informe del Departamento de Estado estadounidense al que tuvo acceso en el que se

lee: *"Stalin pagó tributo a la ayuda rendida por Estados Unidos a la industria soviética antes y durante la guerra. Él dijo que cerca de dos tercios de la gran organización industrial de la Unión Soviética habían sido construidos con la ayuda o asistencia técnica de los Estados Unidos".*

**Cartel
propagandístico
del régimen
comunista ruso
en los primeros
tiempos de
gobierno de los
revolucionarios.
Un campesino
cortando las
cabezas de
soldados
zaristas.**

2. El Chase Manhattan Bank–banco propiedad de los Warburg y los
Rockefeller— hizo posible la creación de la Cámara de Comercio Ruso-
Americana en 1922, lo que posibilitó la supervivencia de la frágil econo-
mía rusa. Sobre esta cuestión, el congresista estadounidense Louis
MacFadden, presidente del comité de la Comisión Bancaria del senado de
Estados Unidos, declaró en un discurso ante esta comisión que *"el gobier-
no soviético ha recibido fondos de la Tesorería de los Estados Unidos a través del
Consejo de la Reserva Federal y de los bancos de la reserva Federal, los cuales han
actuado por intermedio del Chase Bank, del Guaranty Trust Company y otros bancos
de la ciudad de Nueva York".*

3. En 1927, la Standard Oil de Nueva York construyó una enorme refinería en Rusia, lo que ayudó enormemente a su recuperación económica.
Poco después, esta misma compañía, a través de una de sus empresas sub-
sidiarias, hizo un trato para enviar petróleo soviético a los mercados euro-

peos, además de arreglar un préstamo de 75 millones de dólares para el gobierno bolchevique.

4. Después de la revolución bolchevique, la Standart Oil, unida a los intereses Rockefeller, invirtió millones de dólares en negocios en la URSS. Entre otras adquisiciones se hizo con la mitad de los campos petrolíferos del Cáucaso.

5. El Chase Manhattan Bank estuvo involucrado en la venta de bonos rusos en Estados Unidos desde 1928, a través del Consejo de la Reserva Federal, tal como denunció el presidente de la Comisión Bancaria del Congreso, Louis MacFadden.

6. La IBEC, corporación controlada por los Rockefeller y los Rothschild, invirtió miles de millones de dólares en la URSS, según publicó el *New York Times*.

7. El ex director de cambios internacionales de la Reserva Federal admitió en una conferencia el 5 de diciembre de 1984 que la banca soviética influía enormemente en el mercado interbancario a través de determinadas empresas bancarias estadounidenses.

Lenin en la plaza Roja de Moscú en 1919.

8. Los soviéticos se aliaron en 1980 con empresas occidentales para controlar el mercado mundial de oro.

9. Según se desprende de documentos del FBI y del Departamento de Estado norteamericano, apoyados por documentos del Kremlin filtrados tras la caída de la URSS, el supermillonario magnate estadounidense Armand Hammer financió y colaboró desde los primeros años de la revolución bolchevique en el establecimiento de la Unión Soviética. Albert Gore, padre del ex candidato demócrata a la presidencia de los Estados Unidos, trabajó durante buena parte de su vida para Hammer. Albert Gore, desde su puesto de la Comisión de Relaciones Exteriores del Senado

Nelson Rockefeller saludando efusivamente al líder soviético Khrushchev. Es sabido que las grandes familias financieras siempre mantuvieron excelentes relaciones con los líderes soviéticos.

sofocó varias investigaciones federales sobre las relaciones de Hammer con la URSS. Además el multimillonario financió la carrera política de Albert Gore Jr., opositor demócrata en las elecciones presidenciales ganadas por George Bush hijo.

El comité Reece del Congreso de Estados Unidos, encargado de investigar las operaciones de las fundaciones libres de impuestos, descubrió la implicación de estas fundaciones, dependientes de la gran banca, en la financiación de movimientos revolucionarios en todo el mundo.

Henry Kissinger, el incombustible político y conspirador, se vio salpicado por un escandaloso asunto, cuando autoridades norteamericanas detuvieron a un socio suyo en varias empresas por su implicación en negocios sucios con la URSS.

10. El *New York Times* publicó que los grandes banqueros exportaron durante años productos "no estratégicos" a la URSS. El truco consistía en catalogar todos los productos como no estratégicos, incluyendo en esa lista instrumentos científicos, productos químicos, metálicos, etc.

11. También el *New York Times* publicó que el conocido magnate Cyrus Eaton, junto a los Rockefeller, llegó a acuerdos con los soviéticos para enviar desde Estados Unidos todo tipo de patentes. Es decir, los conspiradores estuvieron durante años enviando a la URSS capacidad tecnológica estadounidense.

El secreto de Karl Marx

SI LO ESCRITO ANTERIORMENTE SÓLO SE PUEDE CATALOGAR de sorprendente, más lo es la posibilidad de que el nacimiento del comunismo también estuviese unido a determinados intereses financieros. Y curiosamente siempre salen a relucir los mismos apellidos. Es un hecho de sobra conocido que Karl Marx, el autor del *Manifiesto comunista* —sin duda un libro que cambió la historia del siglo XX—, escribió sus obras gracias a la financiación del banquero Nathan Rotschild, y cuyos cheques entregados a Marx pueden verse en el Museo Británico.

Por si esto fuera poco, un dato contrastado históricamente es que Marx pertenecía a una sociedad secreta llamada la *Liga de los Justos*, que en opinión de varios historiadores se trataba de una sociedad matriz de la *Orden Illuminati*, organización de corte luciferino cuya finalidad era la instauración de un gobierno mundial... Pero vayamos por partes.

La noche del 30 de mayo al 1 de abril de 1776, noche de Walpurgis, Adam Weishaupt, profesor de leyes en la Universidad Bávara de Ingolstad, funda junto a algunos seguidores la Orden *Illuminati*. Los miembros de esta sociedad secreta reverenciaban la figura de Lucifer en cuanto simbolizaba la oposición a un dios creador que evita que el "conocimiento" acabe en manos del hombre. Antimonárquicos y anticristianos convencidos, su finalidad era la consecución de un gobierno mundial dirigido por un grupo de "iluminados". Para ello deciden infiltrarse en toda organización política posible y en la masonería. En muy poco tiempo los *Illuminati* contaban entre sus filas con algunos de los miembros más influyentes de la sociedad bávara y, años después, la Orden se expandiría por buena parte de Europa, manteniendo contactos e infiltrándose en la banca, la Iglesia y en las cortes del viejo continente. La vasta red de agentes iluministas informaban a la cúpula de la organización de los acontecimientos más importantes que ocurrían en el continente y a la vez, actuaban conforme a las órdenes emanadas del "núcleo central".

La Orden participó activamente en la planificación de la Revolución Francesa, y es que algunos de los líderes de los jacobinos como Mirabeau, Saint-Just, Danton, Hebert o Marat, pertenecían a los *Illuminati*.

Karl Marx estuvo relacionado con extrañas sociedades secretas y pudo escribir algunas de sus obras más importantes gracias al mecenazgo de la multimillonaria familia Rothschild.

Sin embargo, toda la conspiración urdida por Weishaupt quedó al descubierto cuando un correo de los *Illuminati* que transportaba importantes documentos sobre los planes de la Orden fue fulminado por un rayo en 1785. La policía bávara entregó los documentos a su gobierno, y así supo el emperador Francisco de Austria que los *Illuminati* pretendían eliminarlo a él y a su hija Maria Antonieta, a la sazón reina de Francia. Los documentos también revelaban una conspiración para crear un movimiento subversivo en la sociedad gala. En otras palabras, todo indica que dichos escritos mostraban los planes para llevar a cabo la Revolución Francesa.

A partir de ese momento Weishaupt es detenido y su organización desarticulada, al menos aparentemente porque los agentes de los *Illuminati* ya estaban bien situados en los más importantes círculos de poder europeos. Al igual que otras sociedades secretas cuyos planes fueron descubiertos, la Orden siguió funcionando bajo otros nombres, pero continuó influyendo activamente en los sucesos más importantes que tuvieron lugar en los siguientes siglos.

El ex agente del servicio secreto británico William Guy Carr afirma en su libro *Pawns in the game* —Peones en el juego—, publicado en 1967, que el gobierno de Gran Bretaña custodia la correspondencia mantenida entre los años 1870 y 1871 por dos líderes de la Orden: el general confederado norteamericano Albert S. Pike y Giuseppe Mazzini, líder del movimiento revolucionario italiano de Los Carbonarios. En dicha correspondencia, según Guy Carr, se diseñan las próximas tres guerras mundiales y la creación de un imperio ateo en Rusia. La última guerra mundial, que permitiría acceder al control del mundo a la cúpula de la Orden se lograría cuando los agentes iluministas consiguieran crear divergencias insalvables entre el poder sionista internacional y los dirigentes del mundo musulmán. Sin duda los últimos acontecimientos mundiales hacen muy actuales las revelaciones publicadas por el ex agente británico.

Los *Illuminati* participaron también en la revolución norteamericana que dio lugar al nacimiento de los Estados Unidos de Norteamérica. De hecho el gran sello que aparece en el anverso izquierdo del billete de dólar es un símbolo claramente iluminista. Se trata de una pirámide truncada de trece escalones en cuya base aparece la cifra 1776 en caracteres romanos. Coronando la pirámide está un ojo en el interior de un triángulo radiante, símbolo que aparece en las portadas de los textos jacobinos durante la Revolución Francesa y que también identifica a la Orden *Illuminati*. Encima del ojo aparece la leyenda "*Anniut Coeptis*" que significa: "*Él ha favorecido nuestra empresa*", probablemente en referencia a los poderes ocultos que existen tras los acontecimientos políticos más importantes. En la parte inferior de la pirámide otra leyenda: "*Novus Ordo Seculorum*", que nos remite al nuevo orden de los siglos que pretendían lograr los *Illuminati* o al nuevo orden mundial proclamado por George Bush padre, tras la caída del imperio soviético y la I Guerra del Golfo. Los trece escalones de la pirámide se referirían a los trece círculos concéntricos de los *Illuminati* y el año 1776 coincide tanto con la fundación de Estados Unidos como con la creación de la Orden *Illuminati*.

Una de las filiales de la organización creada por Weishaupt sería una sociedad secreta de ideología revolucionaria conocida con el nombre de *Liga de los Justos*. Marx perteneció a esta sociedad secreta tal como revela un informe de la policía prusiana, que vigilaba a los miembros de la Liga de los Justos. El propio Marx escribió algunas alabanzas sobre la misteriosa organización: "*Entre ellos*–se refiere a los miembros de la Liga– *la fraternidad no es una palabra vacía, sino una realidad, y toda la nobleza de la Humanidad irradia de esos hombres endurecidos por el trabajo*".

Tras el ingreso del autor del *Manifiesto comunista* en la sociedad secreta, ésta sustituyó su antiguo lema: "*Todos los hombres son hermanos*", por uno nuevo a sugerencia de Marx: "*Proletarios de todos los países, uníos*"; y además comenzó a editar una revista con el nombre de *Revista comunista*. Los interrogantes son claros: ¿Qué influencia tuvo la Liga de los Justos en la ideología marxista? ¿Y la familia Rothschild?

La verdad que no gusta a nadie

EN EL PRESENTE LA SITUACIÓN NO ES MUY DIFERENTE a la descrita anteriormente. La banca y los grandes intereses financieros también sufragan y llegan a acuerdos con guerrillas comunistas o movimientos revolucionarios con los que en teoría deberían estar enfrentados. Y es que la realidad siempre supera la ficción.

A continuación nos centraremos en una serie de sucesos que jamás se atrevería a dramatizar ningún famoso director de Hollywood. Son políticamente incorrectos, tanto para las fuerzas de izquierdas como para las de derechas, y parecerían sacados de la mente de un guionista poco creíble y demasiado imaginativo.

Wall Street se alía con la guerrilla colombiana

CUALQUIER LECTOR MÍNIMAMENTE ATENTO a la actualidad ha escuchado el nombre de las FARC (Fuerzas Armadas Revolucionarias de Colombia) en muchas ocasiones en diferentes medios de comunicación. En realidad no estamos ante un grupo guerrillero más, sino frente a un verdadero ejército insurgente formado por decenas de miles de hombres y mujeres bien preparados militarmente y con notables medios de guerra para hacer frente al ejército colombiano. Las FARC, al igual que el otro grupo guerrillero que pervive en Colombia, el ELN (Ejército de Liberación Nacional), de inspiración guevarista, en teoría luchan contra el imperialismo, el capitalismo y las injusticias sociales en Colombia. Buscan derrotar al ejército y al gobierno para crear un estado socialista muy parecido al cubano. Para ello recurren al terrorismo, la extorsión, el secuestro, el rapto de menores que pasarán a engrosar sus filas y todo tipo de acciones militares en toda regla contra instituciones, fuerzas de seguridad y ejército.

Y por supuesto, no nos olvidamos del narcotráfico, su principal fuente de financiación. Desde luego el tráfico de drogas internacional no es una actividad precisamente "revolucionaria", pero los líderes de las FARC se justifican afirmando que de este modo consiguen fondos para luchar contra el imperialismo, a la vez que inundan las calles de las ciudades capitalistas de drogas que debilitan sus sociedades.

En la guerra *de facto* que el ELN y las FARC llevan contra las instituciones colombianas, absolutamente corrompidas por los cárteles de las drogas, interviene también otro actor. Nos referimos a los grupos paramilitares, organizados de una manera similar a las guerrillas, también financiadas en gran parte gracias al narcotráfico y de ideología fascista. Los paramilitares luchan contra las guerrillas, pero utilizando sus mismos métodos y formas de financiación, con lo que finalmente el que sufre, como casi siempre, es el pueblo llano. En definitiva, un caldo de cultivo que está literalmente desmembrando a Colombia y que no dudan en aprovechar los grandes intereses financieros, como veremos a continuación.

En el mes de junio de 1999, Richard Grasso, presidente de la Bolsa de Nueva York, más conocida como Wall Street, se entrevistó en plena selva colombiana con el comandante de las FARC Raúl Reyes, encargado de las finanzas del ejército guerrillero. Acompañaba a Grasso, además del jefe de seguridad de la Bolsa, James Esposito, y el vicepresidente de relaciones públicas de Wall Street, Alan Yves Morvan, el ministro de hacienda colombiano Juan Camilo Restrepo, que hizo las funciones de traductor. El pro-

La guerrilla colombiana de las FARC cuenta con un ejército de miles de hombres. De ideología comunista, esto no les impide dedicarse al tráfico de drogas y llegar a acuerdos con importantes representantes del capitalismo.

pio Grasso después de su regreso de la selva colombiana dio algunos detalles de la reunión con el comandante Reyes en rueda de prensa. Calificó de *"extraordinarios"* a los líderes de la guerrilla e indicó que había discutido con ellos *"un intercambio de capitales"*. Grasso se felicitó por sus negociaciones con la FARC, porque *"debemos ser muy agresivos en la búsqueda de mercados y oportunidades internacionales"*. Sobre Reyes afirmó que *"pese a sus apariencia, con su uniforme de campo y su M-16 al hombro, sabe bastante de inversión y mercados de capital, y la necesidad de estimular el ingreso de capital extranjero en Colombia…"*. Para finalizar explicó que había invitado al comandante

Michael Grasso, director de Wall Street, durante su encuentro con el comandante Reyes, encargado de las finanzas de las FARC. Grasso llegó a acuerdos con los líderes guerrilleros para que invirtieran su fortuna, obtenida principalmente gracias al narcotráfico y a los secuestros, en la Bolsa de Nueva York.

supremo –Manuel Marulanda, alias "Tirofijo"– y a otros líderes de las FARC a visitar la bolsa neoyorquina y a *"pasearse conmigo por el foso"*, el gran salón donde se producen las transacciones de la entidad.

En otras palabras, el director de la Bolsa de Nueva York con el respaldo del Departamento de Estado estadounidense invitó personalmente a los líderes de las FARC a invertir sus narcodólares en la Bolsa. Y hay que tener en cuenta que Grasso es un simple empleado, jamás hubiera tenido una reunión de este tipo sin el consentimiento de sus "jefes": la oligarquia financiera mundial. Un informe de inteligencia realizado por *EIR* (*Executive Inteligence Review*), una publicación restringida especializada en cuestiones de inteligencia, explica las razones de esta sorprendente reunión del siguiente modo: *"Actualmente andan sueltos por el sistema financiero cerca de 300 billones de dólares en derivados financieros y otros instrumentos de crédito incobrables. La oligarquía ha decidido que se tiene que salvar a cualquier precio de ese cáncer... El flujo efectivo proveniente del narcotráfico —más de medio billón de dólares*

Manuel Marulanda, alias "Tirofijo", líder de las FARC, durante las conversaciones de paz que mantuvo con el entonces presidente colombiano Andrés Pastrana.

según cálculos de EIR— se cuenta como un puntal indispensable para sostener durante un tiempo el sistema irremediablemente perdido de la oligarquía financiera... El Índice Industrial Dow siempre ha contenido una buena dosis de dinero sucio; de hecho podría decirse que los mercados financieros de Wall Street y Londres son tan adictos a los narcodólares como los drogadictos al crack o a la heroína".

Curiosamente también en el mes de junio de 1999, mientras se llegaban a los acuerdos FARC-Wall Street, el Fondo Monetario Internacional (FMI), institución supranacional ejecutora del proceso de globalización económica y controlada por la gran banca, hacía unas "drásticas" recomendaciones al gobierno colombiano: a partir de ese momento el gobierno debía proceder a la *"inclusión en la producción agrícola de los cultivos ilícitos"* en su Producto Interior Bruto. Para ello el FMI aconseja que se encarguen de esta cuestión una serie de "firmas especializadas". En otras palabras, el FMI pretende legalizar la economía del narcotráfico. Y dicho sea de paso, sus "recomendaciones" no son otra cosa que órdenes que debe seguir cualquier nación que no quiera perder el tren de la globalización.

El general colombiano Harold Bedoya, candidato presidencial en las elecciones del año 1998, lleva varios años criticando en foros internacionales los acuerdos entre la oligarquía financiera y las FARC. En una conferencia pronunciada en la Agencia de Información de Estados Unidos

El general colombiano Harold Bedoya ha denunciado públicamente en infinidad de ocasiones los acuerdos entre las FARC y la oligarquía financiera internacional.

(USIA) el 10 de septiembre de 1999 aseguró: *"No debemos dar mensajes de que la coca es buena, como nos dijo el señor de Wall Street, el señor Grasso… Nadie entiende qué hace Wall Street, ni qué hace el Fondo Monetario Internacional exigiéndole a Colombia que meta los dineros de los cultivos de la coca en el Producto Interior Bruto. Ésto nos hace una narcodemocracia y prácticamente está legalizando la droga en Colombia y en el mundo".* En otra conferencia pública fue todavía más lejos al asegurar: *"Me pregunto yo, ¿cuál es el contubernio entre el Fondo Monetario y esas mafias? ¿Cuál es el contubernio entre el Fondo Monetario y el señor Grasso? ¿Cuál es el contubernio entre el crimen organizado y el gobierno colombiano?…".*

Quizá alguna de las claves del contubernio las tenga un conocido traficante de armas llamado Sarkis Soghanalian, implicado en una operación de abastecimiento de fusiles a las FARC que fue descubierta por el servicio

El gobierno peruano, durante la presidencia de Fujimori, desarticuló una operación dirigida por el traficante de armas Sarkis Soghanalian cuyo fin era abastecer de armamento a las FARC. Soghanalian está considerado un hombre de la CIA, organización para la que ha realizado infinidad de "operaciones negras".

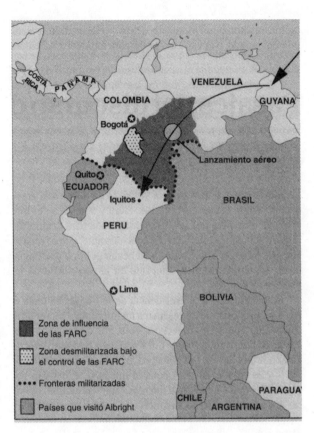

Zona de influencia de las FARC

Zona desmilitarizada bajo el control de las FARC

•••• Fronteras militarizadas

Países que visitó Albright

secreto peruano el 21 de agosto de 2000. Soghanalian es un viejo conocido de la CIA y de George Bush padre, quien además de presidente y vicepresidente de los Estados Unidos fue director de la agencia de espionaje. No en vano el traficante estuvo implicado en infinidad de operaciones clandestinas de la CIA tanto en Sudamérica como en Oriente Medio, y en los círculos de inteligencia se sospecha que es un agente del servicio secreto estadounidense.

Según reveló el gobierno peruano los aviones cargados de armas despegaban de Rusia o Ucrania y aterrizaban en la capital de Jordania para reponer combustible con el consentimiento de algunos miembros corruptos de aduanas. Luego los aviones ponían rumbo a Iquitos (Perú), pasando por las Islas Canarias y Guyana. Antes de que los aviones aterrizaran en Perú, las armas se lanzaban en paracaídas a la zona colombiana donde operan las FARC. En una de las fotografías obtenidas por la inteligencia peruana se pueden ver a varios oficiales jordanos reunidos con Soghanalian y otros traficantes peruanos. La pregunta que muchos periodistas se hacen es si la CIA tiene algo que ver con el abastecimiento de armas a las FARC.

Sendero Luminoso y la deuda externa de Perú

SENDERO LUMINOSO es una guerrilla de ideología parecida a las FARC, aunque más radicales si cabe. De inspiración maoísta, nace en los años 60 en torno a la Universidad de Huamanga, centro ubicado en el departamento peruano de Ayacucho, una de las más importantes zonas cocaleras del mundo.

En la época en que Abimael Guzmán, profesor de Huamanga y líder de Sendero —actualmente en prisión— comienza a organizar su guerrilla, se relaciona con un profesor estadounidense de la misma universidad llamado David Scott Palmer, quien luego se convertiría en uno de los grandes defensores en Estados Unidos del grupo guerrillero. Aparentemente Palmer trabajaba en planes de reforestación. Entre 1970 y 1972 volvió a la zona para realizar "estudios agrarios". En esa época Guzmán, además de líder de Sendero, era jefe de personal de la Universidad de Huamanga. Guzmán no es un cualquiera, estuvo en China en dos ocasiones en los momentos de la llamada Revolución Cultural, siendo elegido por el entonces líder chino Mao Tse-Tung para dirigir la segunda revolución cultural, aunque finalmente Guzmán decidió regresar a su país para llevar la revolución maoísta al Perú.

Palmer tampoco es un simple "académico". Trabajó durante una década para el Departamento de Estado y para el Departamento de Información de los Estados Unidos (USIS). Desde mediados de los setenta se hizo cargo de la dirección del Departamento de Estudios sobre América Latina, dependiente del Servicio Exterior del Departamento de

Estado, y según algunas fuentes fue asesor del gobierno de Bush padre en la planificación de la contrainsurgencia en Perú. De hecho, Palmer dio testimonio sobre la situación de Perú ante el Congreso estadounidense al menos en una ocasión. Para ello recibió la ayuda de Luigi Einaudi, quien ya había trabajado junto al "profesor" en algunos de sus libros. Einaudi es un experto en cuestiones de América Latina que trabajó para la Rand Corporation —una empresa dependiente de la inteligencia estadounidense— analizando las posiciones ideológicas de militares y eclesiásticos iberoamericanos. Además fue embajador del gobierno de Bush padre ante la Organización de Estados Americanos (OEA). Luego Einaudi dirigió la Oficina de Planificación Política para Iberoamérica del Departamento de Estado.

Abimael Guzmán, líder de Sendero Luminoso, actualmente en presidio. En el nacimiento de esta violenta guerrilla maoísta tuvieron mucho que ver algunas agencias de espionajes estadounidenses.

Curiosamente el Departamento de Estado y otros organismos estadounidenses han hecho todo lo posible por evitar que Sendero sea considerado un grupo terrorista, e incluso tratan de minimizar la situación. ¿Cuál es la razón de esta extraña postura? La clave según nuestras informaciones bien podría ser la deuda externa del Perú, que ahoga al país e impide su desarrollo, al igual que a todas las naciones latinoamericanas y africanas. Cuanto menos desarrollada se encuentre una nación, mayor control sobre sus decisiones políticas, militares y económicas tendrá la gran potencia norteamericana. Y lo cierto es que, hasta mediados de los años 80, Sendero había causado a Perú unas pérdidas económicas cercanas a los 25.000 millones de dólares con sus sabotajes. En esa época la deuda externa del país se acercaba a los 20.000 millones de dólares. Sáque usted sus propias conclusiones.

Hugo Chávez: el revolucionario de los globalizadores

HACE QUINCE AÑOS, el entonces presidente venezolano de infausto recuerdo Carlos Andrés Pérez comenzó a poner en marcha en el país una serie de medidas económicas con el fin de integrar a Venezuela en el proceso de globalización, tal como pedía el FMI. El resultado de estas políticas fue simple y llanamente un caos: desintegración de la industria, quiebra de la agricultura, aumento del paro y la delincuencia, y la bancarrota del sistema financiero del país. Esta situación supuso una oleada de privatizaciones de empresas públicas, lo que motivó que buena parte de la industria y la banca del país cayera en manos de grandes intereses multinacionales. Sin embargo, Pérez no pudo terminar su "experimento" debido a dos intentos de golpe de estado —uno de ellos protagonizado por Hugo Chávez— y a su destitución por malversación de fondos públicos.

Después de un corto gobierno interino, ocupó la presidencia Rafael Caldera, quien intentó hacer todo lo contrario que Pérez: poner en práctica una política proteccionista y desoír los "cantos de sirenas" del FMI. Desde los primeros momentos el gobierno de Caldera recibió los ataques de las instituciones financieras internacionales, de gobiernos occidentales y de medios de comunicación económicos de gran influencia, siempre a las órdenes de sus patronos de la oligarquía financiera.

Finalmente el ex militar y revolucionario Hugo Chávez, cercano a las tesis de Fidel Castro y a las guerrillas latinoamericanas, logra imponerse en unas elecciones prometiendo un cambio de "régimen" y una lucha sin cuartel contra la pobreza, la injusticia social y el colonialismo occidental.

**Hugo Chávez, a pesar de su retórica
revolucionaria, mantiene excelentes
relaciones con el Fondo Monetario Internacional
(FMI) y otras instituciones
económicas de la globalización neoliberal.**

Sin embargo, poco después de instalarse en el sillón presidencial firmó una serie de acuerdos con el FMI para desarrollar una política económica muy parecida a la de Carlos Andrés Pérez. De hecho, cuando todavía no era presidente, Chávez se reunió secretamente en diversas ocasiones con el embajador británico en Venezuela y con otros altos cargos políticos y militares de la misma embajada. Estos encuentros secretos fueron desvelados por algunos medios de prensa. John Flinn, el embajador británico, trató de organizar un viaje a Londres para Chávez, pero finalmente ante las protestas del gobierno de Caldera se canceló.

Días antes de su toma de posesión presidencial, Chávez viajó a Estados Unidos para entrevistarse con Michael Camdessus, entonces director del FMI, y con el director del Consejo de Seguridad Nacional de los Estados Unidos. A raíz de este viaje el presidente venezolano accedió a ajustarse todavía más a las recetas económicas del FMI, algo que se veía venir cuando antes de su periplo estadounidense afirmó que no había que satanizar al FMI.

En otro viaje del presidente venezolano a Estados Unidos, fue recibido nada más y nada menos que por Henry A. Kissinger, el ex secretario de estado norteamericano tan comprometido con la lucha anticomunista mundial y ex asesor de Carlos Andrés Pérez. Chavez invitó a Kissinger a visitar Venezuela, y éste afirmó que *"Venezuela puede hacer una gran contribución a la democracia y al progreso en América Latina y en todo el continente"*. Desde luego esto sí que es el mundo al revés.

La agenda de Chávez en Estados Unidos fue elaborada en gran parte por el grupo financiero J. P. Morgan, quien le organizó una reunión con los líderes de la prensa económica norteamericana. Más tarde se reuniría con un importante grupo de empresarios en la Cámara Americana de Comercio, donde garantizó que, mientras él gobernase, Venezuela no se saldría de la vía de la globalización. Estas posturas pro globalización y FMI, causaron algunas disputas entre Chávez y uno de sus partidos aliados, el Movimiento al Socialismo —que llegó a tener a dos miembros de su partido en el gabinete ministerial—.

El propio presidente declaró en el año 2000 que *"la deuda externa es sagrada"* y se pagaría puntualmente, a pesar de que de cara a la galería la Asamblea Nacional Constituyente —el parlamento venezolano, con mayoría chavista— había aprobado una resolución exhortando a los acreedores a condonar la deuda.

"Ya sabéis que tuve un problema con el alcohol. En estos momentos debería estar en un bar de Texas en vez de encontrarme en el despacho oval. Sólo hay una razón por la que estoy en el despacho oval y no en un bar: He hallado la fe. He encontrado a Dios. Estoy aquí a causa del poder de la oración".

GEORGE BUSH Jr., actual presidente de los Estados Unidos de América.

CAPÍTULO 2

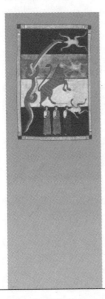

Sionistas y fundamentalistas cristianos: una alianza "contra natura"

Cómo esta extraña alianza puede provocar una catástrofe mundial de graves consecuencias.

LA EXTREMA DERECHA ISRAELÍ y los radicales cristianos estadounidenses hace años que unieron sus fuerzas para luchar por unos mismos objetivos. Lo pavoroso del asunto es que dicha unión se basa en irracionales creencias apocalípticas, las cuales profesan los actuales miembros de la administración Bush.

UNO DE LOS ACONTECIMIENTOS CLAVE PARA EXPLICAR el éxito de George Bush en convencer al pueblo norteamericano de sus suicidas decisiones, sobre todo en política exterior, es que el presidente de la nación más poderosa de la Tierra representa lo que muchos historiadores han dado en llamar "la tercera revolución religiosa de Estados Unidos". La primera se desarrolló en los orígenes de la nación americana y la segunda tuvo lugar tras la Guerra de Secesión, la cual dio pie a la expansión de movimientos como los Adventistas, los Testigos de Jehová o los mormones, entre otros.

En la actualidad se llevan la palma los llamados cristianos "renacidos", personas que se habían apartado completamente del camino religioso pero que en un momento de sus vidas recibieron la influencia directa de Dios o de Jesucristo, dando un giro radical a su existencia. Un dato a tener en cuenta es que el 94% de los estadounidenses se consideran creyentes, y de estos el 87% se definen como cristianos. Sorprendentemente, la mitad de los cristianos son cristianos "renacidos", al igual que el presidente George Bush. Estos últimos creen que el Apocalipsis está a punto de producirse. Todos los males que asolan al mundo son interpretados por estos fundamentalistas cristianos bajo este catastrófico prisma. Dicho de otro modo: la mitad de la población de la nación más poderosa del mundo sigue dichas creencias, como lo hacen el propio presidente y sus más directos colaboradores, responsables de las guerras de Irak y Afganistán.

En marcha la "revolución religiosa"

PARA ENTENDER LAS CARACTERÍSTICAS Y FUERZAS implicadas en la llamada tercera revolución religiosa, antes tenemos que mirar atrás en el tiempo y viajar a principios de los años 70, época en la que se inicia el "nuevo conservadurismo", movimiento ideológico que llegaría a su máximo apogeo durante la presidencia de Ronald Reagan.

En 1971 el abogado Lewis Powell, quien sería más tarde juez del Tribunal Supremo, redacta un manifiesto destinado a la Cámara de Comercio, que esta institución hace circular entre los hombres de negocios más poderosos del país. Powell defendía una unidad de acción de las fuerzas conservadoras para enfrentarse a la ideología izquierdista que asolaba al país. Creía que sólo con grandes medios económicos podían ganar la "guerra de las ideas" a la izquierda. Powell aconsejaba la creación de importantes grupos de presión que influyeran sin miramientos sobre la clase política. A la vez, diferentes fundaciones, propiedad de estos grupos de presión, se tendrían que hacer con el control de medios de comunicación, crear líderes de opinión y financiar la publicación de libros y estudios afines a sus intereses.

Hombres inmensamente ricos y poderosos quedaron fascinados por las palabras del futuro juez y se pusieron manos a la obra. Uno de estos personajes, Richard Scciffe Mellon, considerado el hombre más rico de Estados Unidos después de John D. Rockefeller, se tomó las recomendaciones de Powell muy en serio y comenzó a trabajar en esa vía. Mellon controlaba directamente varias fundaciones de corte ultraconservador cuyos activos se acercaban a los 600 millones de dólares. Por ejemplo, Mellon es el propietario del Hoover Institute de la Universidad de Standford, cuya responsable fue Condoleeza Rice, actual consejera de Seguridad de George Bush, y el American Enterprise Institute, cuyos directores son el alto cargo del Pentágono Richard Perle y Lynne Cheney, la esposa del actual vicepresidente de los Estados Unidos. Sin embargo, no fue ninguna de estas fundaciones la que logró un mayor impacto en la política norteamericana, sino la Heritage Foundation, el verdadero orgullo de Scciffe Mellon. Heritage proponía soluciones, proyectos y nuevos puntos de vista a cualquier ley o votación importante que se fuera a llevar en el Senado o en la Cámara de Representantes. Días antes de la votación, todos los senadores recibían un breve informe explicativo del asunto y la mejor solución, siempre, claro está, desde el punto de vista conservador de Heritage.

Pero si hemos de nombrar a un personaje cuya influencia se dejara notar en el auge de la extrema derecha, este es Charles Murray. El desconocido escritor de Iowa envió un día uno de sus panfletos a la revista conservadora *National Interest*, cuyo director, Irving Kristol, quedó deslumbrado por lo que se decía en esas páginas. Inmediatamente le propuso a Murray escribir un libro con él y le buscó financiación y un trabajo en dos

Heritage Foundation, la principal fundación del multimillonario derechista Richard Scciffe Mellon. El millonario, a través de sus fundaciones, fue el principal responsable de poner en marcha la llamada "revolución religiosa" en Estados Unidos .

fundaciones derechistas: La Olin Foundation y el Manhattan Institute, cuyo fundador era William Casey, antiguo director de la CIA durante el gobierno Reagan. Arropados por las importantes campañas publicitarias pagadas por estas organizaciones, el libro de Murray y Kristol se convirtió en un relativo éxito. Pero el éxito con mayúsculas le llegó a Murray con su obra *The Bell Curve*, que en poco tiempo se convirtió en la Biblia del "nuevo conservadurismo", cuyos ideólogos auparon a Reagan al poder. En *The Bell Curve*, Murray defendía que la inteligencia dependía principalmente de la raza y que las clases pobres no deberían recibir ningún tipo de ayudas gubernamentales para insertarse en la sociedad, sino que deberían sufrir duras medidas coercitivas encaminadas a cambiar su comportamiento. Y es que para Murray la pobreza sólo era consecuencia de la incapacidad del individuo y de rasgos genéticos inferiores. Los factores económicos y sociales no tenían nada que ver con la pobreza.

Ronald Reagan articuló el conservadurismo estadounidense a partir de cuatro pilares fundamentales: El culto a los empresarios y hombres de negocios como creadores de la riqueza; la confianza en el recorte de impuestos como una forma de estimular la economía y reducir la influencia del gobierno federal en el gasto social; el apoyo a los grupos religiosos que se veían amenazados por los cambios de las últimas décadas; y la legitimación de la fe y el Evangelio como parte de la política cotidiana. Hoy en día los líderes del Partido Republicano son "hijos" de la revolución conservadora de Reagan. Los votantes republicanos son, por un lado, los trabajadores pobres que no quieren saber nada del gobierno y ven al resto del mundo con hostilidad, y por otro lado, los más ricos de una sociedad próspera. El corazón del partido lo integra el movimiento evangélico blanco, compuesto por fundamentalistas, calvinistas, carismáticos y sobre todo cristianos "renacidos". Es este movimiento evangélico el que siente que los valores cristianos se hallan amenazados en una sociedad moralmente corrupta y que ha encontrado en el Partido Republicano una voz que le permite reinstalar estos valores en el centro de la sociedad estadounidense.

Radicales cristianos en la Casa Blanca

GEORGE BUSH ANSIABA SER COMO SU PADRE, un exitoso hombre de negocios y político, pero en realidad hasta la fecha todo le había salido mal. No había tenido suerte en los negocios y toda empresa que había estado a su cargo acababa quebrando, y Bush Jr. al final siempre era salvado *in extremis* por su padre o sus influyentes amigos. Por otro lado, su carrera política la veía muy lejana y su matrimonio no funcionaba. Sin perspectivas profesionales claras y sin ganas de seguir luchando en la vida, Bush se dio a la bebida. Lo que más odiaba sin embargo no era su fracaso profesional, sino las inevitables comparaciones con su padre. A pesar de las recomendaciones de su familia, y principalmente de su esposa, Bush seguía su camino hacía la autodestrucción con borracheras que en ocasiones llegaban a durar días.

A la edad de 39 años y sumido en una profunda crisis, Bush escuchó un día a su buen amigo Bob Evans, hoy en día su secretario de Comercio y que en esa época también atravesaba por graves dificultades personales. Evans se había unido a un grupo de estudio de la Biblia. Durante un año los miembros estudiaban uno de los libros del Antiguo Testamento en reuniones semanales. En principio, el futuro presidente de Estados Unidos no le prestó demasiada atención, pero ante la insistencia de Evans decidió acompañarlo a una de sus reuniones. A las pocas semanas, Bush ya era uno más de los apasionados estudiantes de la Biblia que componían este grupo de fundamentalistas cristianos.

Unos meses después de su elección presidencial, Bush afirmaría: *"La fe me sostuvo en momentos de éxito y decepción. Sin ella, sería una persona distinta. Sin ella, sin duda hoy no estaría aquí"*. Su radicalismo cristiano y también el exasperante simplismo que lo caracteriza y por el que tanto es criticado se trasluce en otra de sus frases: *"Sólo los que creen en Jesús irán al cielo"*. Y es que Bush con el paso del tiempo comenzó a considerarse un instrumento de Dios para llevar sus fines a la Tierra. Poco después de su primera victoria electoral para ser gobernador del estado de Texas, aseguró, ante el estupor de los que estaban presentes, que *"no me habría convertido en gobernador si no creyera en un plan divino que sustituye todos los planes humanos"*.

En 1987, Bush se unió al equipo de la campaña presidencial de su padre. Bush recibió el encargo de ser el canal de comunicación entre la candidatura de su padre y los movimientos y organizaciones de la derecha religiosa del país. Principalmente, Bush se relacionó con Coalición Cristiana, organización creada por Pat Robertson, un conocido telepredi-cador cuya fortuna personal ronda los 150 millones de dólares. Durante todo el proceso electoral George Bush intentó insertar el máximo de citas bíblicas en los discursos de su progenitor, pero los asesores de campaña evitaron que el hijo del candidato lograse sus objetivos.

Cuando en 1993 decidió presentarse al cargo de gobernador de Texas,

Uno de los muchos éxitos editoriales del conocido predicador Pat Robertson, cuya influencia en el Partido Republicano es notoria.

Bush estudió concienzudamente con sus consejeros las razones por las que su padre había perdido las elecciones presidenciales de 1992 contra Bill Clinton. La conclusión fue que, en la campaña, Bush padre no había tenido en cuenta la enorme masa de votantes que representaban la derecha religiosa.

Durante sus años como gobernador de Texas, el futuro presidente patrocinó a los principales telepredicadores y organizaciones cristianas fundamentalistas del estado. No era raro ver a Bush en los "shows" televisivos de importantes telepredicadores. Cuando fue reelegido gobernador por segunda vez, invitó al telepredicador James Robinson a tomar la palabra durante un "almuerzo de plegaria". Robinson comenzó a hablar sin rubor de una conversación que había mantenido con Dios mientras circulaba por la autopista entre Arlington y Dallas.

George Bush durante una de sus conferencias en la organización ultraderechista Coalición Cristiana, presidida por Pat Robertson.

A principios de 1999, Bush acarició la idea de presentarse a la presidencia. Habló primero con su madre, con la que asistía a un oficio religioso. Una vez terminado el acto, Bush regresó a casa y desde allí llamó a un buen amigo de la familia y a la vez su consejero espiritual: el famoso telepredicador Billy Graham. Éste, consejero en cuestiones religiosas de numerosos presidentes estadounidenses desde la época de Richard Nixon, animó a Bush para que se presentase y le prometió que utilizaría todas sus influencias dentro de la derecha religiosa para apoyarlo. Unas semanas más tarde, el hasta entonces todavía gobernador de Texas reunió en su residencia a los principales dirigentes de la derecha cristiana y les dijo cuales eran sus planes. Después de escucharlo decir que había sido llamado por fuerzas espirituales para ocupar las más altas funciones en el país, todos decidieron apoyarlo. *"Es uno de los nuestros"*, aseguró Charles Colson, uno de sus apoyos más importantes dentro de la ultraderecha religiosa.

Bush basa sus discursos en tres aspectos con el fin de ganarse la confianza de la derecha religiosa: muestra de manera explícita su fervor religioso; insiste machaconamente en el poder de la oración; y por último, utiliza cotidianamente un lenguaje imbuido de frases e imaginería bíblica.

George Bush junto al predicador Billy Graham, quien ejerce una enorme influencia sobre la persona del presidente.

Tras los atentados del 11-S, las declaraciones de George Bush se tornaron más bíblicas si cabe. Tres días después del derrumbe de las Torres Gemelas, Bush prometió en un discurso *"una cruzada contra una nueva forma de mal"*, y en el mensaje a la nación el 7 de octubre de 2001, anunciando el ataque a Afganistán, tuvo préstamos de Isaías, Job, Mateo, Jeremías y el libro del Apocalipsis. Para algunos estudiosos, como el profesor de historia de la Universidad de Wisconsin Paul S. Boyer, *"el presidente utilizaba el recuerdo del 11 de septiembre, con un vocabulario apocalíptico antiguo y poderosamente evocador que, para millones de creyentes en las profecías cristianas, contenía un mensaje específico e impresionante que anunciaba un final que se acercaba, no sólo el de Saddam Hussein, sino también el de la historia humana tal como la conocemos hasta hoy"*.

El ejecutivo estadounidense está dominado por un clima de ultrarreligiosidad como en ninguna otra administración anterior. Así, la mujer del secretario general de la presidencia, Andrew Card, es ministro del culto metodista; el padre de Condolezza Rice, consejera de Seguridad Nacional, es predicador en Alabama; y Michael Geerson, quien dirige el equipo que prepara los discursos de Bush, es un conocido extremista católico que cree en la proximidad del Apocalipsis y en la venida al mundo de un Anticristo y del mismísimo Mesías. No es extraño, por tanto, que todo el personal de la Casa Blanca participe a diario en sesiones de estudio de la Biblia.

Por otro lado, los telepredicadores y líderes de la extrema derecha religiosa han encontrado un poderoso aliado a quien pedirle dinero cuando las cosas se ponen feas. Ese extraño aliado de los fundamentalistas cristianos es el reverendo Moon, autonombrado "emperador del Universo", líder mundial de una secta de origen coreano y visceralmente anti izquierdista. Moon, quien controla el periódico *The Washington Times*, medio de comunicación clave para que Reagan ganara las elecciones, también apoyó a Bush padre y luego al actual presidente. Por si fuera poco, Moon dona enormes sumas de dinero al Partido Republicano y a las organizaciones cristianas extremistas.

Uno de los mayores beneficiarios de las ayudas del peculiar reverendo es el Consejo de Política Nacional, creado en 1981 por el ultrarreligioso escritor Tim Lahaye. Bajo el paraguas de este organismo actúan las más famosas estrellas mediáticas del panorama fundamentalista cristiano en

El "emperador del Universo" y su esposa en una de las multitudinarias apariciones ante sus fieles.

El reverendo Moon, autonombrado "emperador del Universo", siempre ha apoyado con su fortuna a los presidentes norteamericanos del Partido Republicano. En la foto, junto a Richard Nixon.

Estados Unidos, entre las que destacan Jerry Falwell, Pat Robertson, Paul Weyrich —director de la Heritage Foundation—, James Dobson —mentor de George Bush—, James Robinson —uno de los telepredicadores favoritos del presidente—, y Bob Jones III —responsable de la universidad ultraconservadora de Carolina del Sur que lleva su nombre y que es conocida por sus posturas enfrentadas a la cúpula católica de Roma, a la que consideran demasiado izquierdista—. Durante la campaña presidencial del año 2002 esta controvertida universidad recibió la visita de George Bush, quien de este modo evidenció su apoyo a los grupos fundamentalistas cristianos de la nación.

A mediados de los años 90, el telepredicador Jerry Falwell pasaba por graves aprietos económicos. Tras una larga entrevista con los administradores de la Iglesia de la Unificación del reverendo Moon recibió 2,5 millones de dólares por alquilar su Liberty University de Virginia. Falwell desde ese momento se convirtió en uno de los grandes aliados del "emperador

Thunder on the Right
The Growth of Fundamentalism

The Reverend Jerry Falwell

El multimillonario y popular predicador Jerry Falwell, uno de los principales apoyos del partido israelí del Likud, presidido por el actual Primer Ministro de Israel Ariel Sharon.

del Universo", a quien llegó a calificar de *"héroe desconocido de la causa de la libertad"*.

También se beneficiaron de las donaciones de Moon el evangelista autor de *best sellers* Tim Lahaye, quien recibió un millón de dólares en mano de Bo Hi Park, mano derecha de Moon y antiguo alto cargo del servicio de espionaje surcoreano; Ralph Reed, uno de los responsables de Heritage; y el telepredicador Robert Schuller, entre otros.

Uno de los personajes más cercanos al presidente y que también milita en la más rancia tradición cristiana estadounidense es el fiscal general John Ashcroft, un filofascista que utilizó los ataques terroristas del 11-S para poner en práctica uno de sus anhelados proyectos: recortar las libertades de los ciudadanos y ampliar todo tipo de controles sobre la población.

Ashcroft pertenece desde siempre al movimiento de las Asambleas de Dios, el más importante movimiento pentecostal del mundo que cuenta con más de dos millones de seguidores en Estados Unidos y unos treinta en el mundo. Su padre era ministro de culto y responsable del área de educación de las asambleas de Dios en la ciudad de Springfield.

Ashcroft es conocido también por utilizar pasajes bíblicos en sus discursos, en los que suele reescribir la historia de Estados Unidos siempre desde un punto de vista religioso. En 1999, durante una conferencia que dictaba en la Universidad de Carolina del Sur, afirmó que los colonos sublevados contra Inglaterra lo habían hecho por motivos religiosos: *"Los recaudadores de impuestos llegaban y reclamaban lo que pertenecía al rey, y los colonos respondían con frecuencia: 'No tenemos más rey que Jesús"*.

Gobernador y luego senador por Misuri, Ashcroft lanzó su candidatura a la presidencia por el Partido Republicano, pero no ganó tantos apoyos dentro de la derecha cristiana como George Bush. El líder de la Coalición Cristiana, Pat Robertson, sólo le hizo entrega de 10.000 dólares para su campaña, una cantidad irrisoria teniendo en cuenta sus donaciones a George Bush. El reverendo Moon, por otro lado, también decidió apoyar la candidatura de Bush, por lo que el hijo del pastor pentecostal no pudo seguir adelante. Después de que Bush llegase a la Casa Blanca, la derecha cristiana presionó al presidente para que, en pago al apoyo prestado en perjuicio de Ashcroft, nombrase a éste fiscal general, como así sucedió.

Unidos por el Apocalipsis

BUENA PARTE DE LOS MOVIMIENTOS FUNDAMENTALISTAS CRISTIANOS de Estados Unidos siguen las prédicas de John Darby, un pastor protestante del siglo XIX que consideraba que antes del fin del mundo se debían producir una serie de signos, como la aparición de un nuevo orden político y económico mundial, el inicio de cruentas guerras, y el regreso del pueblo judío a Tierra Santa. Como escribe el periodista Eric Laurent, autor de *El mundo secreto de Bush, "según las profecías de Darby, Dios se apartó de Israel, que rechazaba al Mesías, para crear, construir y, milagrosamente, evacuar a la Iglesia antes de la gran tribulación. Varias fases precederán al fin del mundo. Durante el rapto los verdaderos creyentes se reunirán con Cristo en los aires. La tribulación marcará la llegada del anticristo, que tomará el poder en todo el mundo; un episodio* marcado por la batalla del Apocalipsis, antes del segundo regreso de Cristo y el establecimiento del reino de Dios. Este final depende de la conversión de los judíos. Y todo ello sólo podrá suceder si los judíos están en posesión de todas las tierras que Dios les diera... La alianza entre la Administración Bush y el actual gobierno israelí no puede ocultar la faceta inquietante de las tesis de Darby que estos cristianos extremistas han adoptado: Al final del Apocalipsis, esta batalla final entre el bien y el mal, muchos judíos se convertirán al cristianismo y los no creyentes, entre ellos los judíos y los musulmanes, serán condenados y perecerán. El Mesías conducirá luego a los justos al paraíso". Michael Geerson, el hombre que escribe los discursos de George Bush y cuyo despacho en la Casa Blanca es el más cercano al presidente, sigue esta doctrina.

Lo anterior explica por qué razón los fundamentalistas cristianos estadounidenses apoyan a Israel, y más concretamente a la extrema derecha religiosa de la nación judía, actualmente en el poder tras las elecciones ganadas por el ex militar Ariel Sharon y su partido del Likud. El escritor judío Gershom Gorenberg explica claramente la cuestión: "El verdadero pueblo judío no les gusta... Les gustamos como personajes en su historia, en su juego, y no es eso lo que somos. Si escuchan ustedes el drama que describen, es, en términos generales, una obra de cinco actos en la que los judíos desaparecen en el cuarto". En otras palabras, que los judíos posean las tierras que Dios les prometió es, para estos grupos ultracristianos, un elemento indispensable para que tenga lugar el Apocalipsis, regrese el Mesías y todos los judíos se postren ante el rey de los cristianos.

Desde este punto de vista podemos interpretar convenientemente las palabras de George Bush ante algunos líderes del sionismo mundial: "Los mejores amigos con los que Israel pueda contar son los que creen que la Biblia no contiene la palabra de Dios, sino que la Biblia es la palabra de Dios". También el famoso telepredicador Jerry Falwell declaró: "El pueblo judío, en Israel y por todo el mundo, no tiene un amigo más fiel que Jerry Falwell". En 1985, durante un banquete celebrado en Jerusalén en honor de Moshé Arens, ministro israelí de Defensa perteneciente al Likud, un testigo escuchó como Jerry Falwell le decía al ministro: "Quiero darle las gracias de nuevo por el avión que me ha regalado".

En este mismo sentido, Nelson Bell, editor de *Cristianity Today* y suegro del célebre predicador Billy Graham, escribió: *"Que por primera vez, después de más de dos mil años, Jerusalén esté ahora por completo en manos de los judíos provoca en quien estudia la Biblia estremecimiento y una fe renovada en su exactitud y validez"*. El propio Billy Graham, corrobora las palabras de su familiar, pero de un modo más crudo y directo. En una conversación mantenida con el entonces presidente Richard Nixon, cuyas cintas se conservan, Graham –recordemos, asesor espiritual de media docena de presidentes– afirma: *"Muchos judíos son grandes amigos míos. Pululan a mi alrededor y se muestran amistosos porque saben que yo soy amistoso con Israel. Pero ignoran lo que siento con respecto a lo que están haciendo de este país..."*. En otro pasaje, Graham critica el *"dominio de los medios de comunicación por los judíos"*.

La alianza entre los cristianos radicales y la extrema derecha israelí del Likud tiene lugar en el año 1977 cuando este partido político gana sus primeras elecciones en Israel. El entonces presidente Menajem Beguin se acercó a los cristianos fundamentalistas, ya entonces con un enorme peso en las decisiones del gobierno, para evitar que el presidente estadounidense Jimmy Carter pusiese en práctica su plan de paz, cuya finalidad era el reconocimiento del derecho de los palestinos a una patria.

De este modo no es extraño que en las masivas reuniones anuales de la Coalición Cristiana de los Estados Unidos, miles de personas muestren su apoyo a Israel. Matthew Engel escribió en el diario británico *The Guardian* del 28 de octubre de 2002 lo siguiente sobre la convención de la Coalición Cristiana: *"...Podrían ustedes pensar que estos militantes cristianos representan el último sedimento del desvarío políticorreligioso de los Estados Unidos. Los políticos no lo creen. La conferencia comenzó con la proyección del vídeo de una bendición directamente llegada del despacho oval* –del presidente de Estados Unidos–. *Algunos de los republicanos más influyentes del Congreso se dirigieron a la audiencia...'¿Estáis cansados de todo esto? ¿Lo estáis?', gritó el senador republicano Tom De Lay. '¡Nooooo!', respondieron ellos. 'No cuando os levantáis por los judíos y por Jesús, seguro', respondió. Los judíos no suelen levantarse por Jesús. Pero la mayoría de los líderes judíos optaron por encogerse de hombros, aceptar el apoyo cristiano y dejar que siguieran hablando de su conversión. Otros líderes más reflexivos se sienten,* como mínimo, inquietos. 'Aceptaré este apoyo porque Israel lo necesita', dijo el rabino Jerome Epstein, vicepresidente de la United Synagogue, la organización judía conservadora de los Estados Unidos. 'Su teología es un mundo distinto. Cargaremos con ello. Si les convenzo de que no apoyen a Israel, ¿abandonarán ellos las tentativas de convertir a los judíos? No', aseguró Epstein". En esta misma línea, el antiguo responsable de la Coalición Cristiana, Ralph Reed, escribía: "No existe mayor prueba de la soberanía de Dios sobre el mundo, hoy, que la supervivencia de los judíos y la existencia de Israel... Esta verdad explica en parte por qué los cristianos y demás conservadores animados por la fe se mantienen tan firmes en su apoyo a Israel". Este interesado apoyo de los cristianos fundamentalistas al pueblo de Israel provoca que buena parte de los senadores estadounidenses siempre defiendan los intereses del pueblo judío contra los intereses de los palestinos.

La enorme importancia que los líderes del gobierno de Israel conceden al apoyo de los cristianos fundamentalistas se comprende fácilmente cuando sabemos que, en 1981, Menajem Beguin habló antes con Jerry Falwell que con el presidente de los Estados Unidos para comunicarle que aviones de combate israelíes habían destruido la central nuclear iraquí de Osirak. Y cuando en 1982 Beguin decide invadir el Líbano, el entonces ministro de Defensa Ariel Sharon fue el encargado de viajar a los Estados Unidos para asegurarse el apoyo de los cristianos fundamentalistas. En 1998, cuando el por esas fechas primer ministro israelí Benjamín Netanyahu acudió a Washington, su primer encuentro no fue con Bill Clinton, sino con Jerry Falwell y más de mil cristianos fundamentalistas reunidos para la ocasión.

La extrema derecha israelí dirige la política exterior estadounidense

LA EXTREMA DERECHA ISRAELÍ cuenta con poderosos aliados dentro de la administración Bush. Son los llamados "halcones", defensores de la agresiva política de defensa de la "guerra preventiva". Estos son algunos de dichos personajes:

Richard Perle: director de un grupo de investigación sobre temas militares dependiente del Pentágono. Apodado con el sobrenombre de "el príncipe de las sombras", le gusta dirigir fuera de los focos. En realidad es, junto a Paul Wolfowitz y Donald Rumsfeld, uno de los dirigentes del Pentágono. Acérrimo defensor de Israel, forma parte del JIMSA (Instituto Judío para Asuntos de Seguridad Nacional), un grupo de presión que se dedica a bloquear las ventas de armas hacía los estados árabes y fomenta la ayuda militar de Estados Unidos a Israel. En su época, trabajó para Soltam, una empresa fabricante de armas israelí. Rumores procedentes de la NSA (Agencia de Seguridad Nacional) lo acusaban de haber filtrado información secreta de los Estados Unidos a Israel.

Paul Wolfowitz: al igual que Perle, es un miembro destacado del JIMSA.

Douglas Feith: subsecretario de Estado para la Defensa. Personaje cercano a la Zionist Organization of America, organización judía de extrema derecha en donde suele pronunciar discursos. Su padre es miembro de una organización judía extremadamente radical. Feith representó, antes de acceder a la administración Bush, a una empresa de armas israelí. También fue director del Center for Security Police (CSP), una organización que estuvo dirigida durante mucho tiempo por Frank Gaffney, quien actuaba como enlace entre los cristianos radicales norteamericanos y la extrema derecha israelí. Feith elaboró la lista negra de los enemigos de Estados Unidos. A la cabeza se sitúa Siria, una importante potencia militar en la zona y principal enemigo de Israel según la estrategia del Likud israelí.

Dov Zakheim: tesorero del Pentágono. Rabino ortodoxo de Nueva York.

Elliot Abrams: director para Oriente Próximo del Consejo de Seguridad Nacional de la Casa Blanca. Furibundo defensor de Israel, es el principal filtro informativo de George Bush sobre el conflicto árabe-israelí. Fue uno de los arquitectos de la genocida política de la administración Reagan en Latinoamerica.

Ari Fleischer: portavoz de la Casa Blanca. Copresidió el Chabad´s Capitol Jewish Forum, organismo dependiente de la secta judía de los Jabad Lubavich.

**Elliot Abrahams, uno de los muchos dirigentes del Pentágono
de ideología ultrasionista.**

Una prueba irrefutable de la alianza entre la derecha fundamentalista estadounidense y el partido de extrema derecha israelí del Likud es que las organizaciones ultracristianas financian abundantemente, mediante fundaciones libres de impuestos, al partido del Likud. One Jerusalem o New Jerusalem, fundada por Douglas Feith, son algunas de estas organizaciones estadounidenses que financian al partido del actual primer ministro israelí Ariel Sharon.

Richard Perle y Douglas Feith fueron dos de los tres autores de un informe altamente secreto titulado *Clean Break*. Redactado en 1996 y entregado al entonces primer ministro de Israel Benjamín Netanyahu, el escrito se centraba en dos puntos principales, pensados en interés de Israel: desmembrar Irak y neutralizar a Siria. El documento incluso recomienda al primer ministro israelí que utilice un lenguaje adaptado a la mentalidad del pueblo estadounidense cada vez que quiera formular sus objetivos políticos ante el gran público. Curiosamente, Perle, Feith y otros "halcones" del Pentágono, todos ellos miembros de la extrema derecha y simpatizantes del partido del Likud, redactaron en el año 2000 un informe bajo la égida del Proyect for New America Century (PNAC), una fundación situada dentro del más rancio ultraconservadurismo. Este informe es ni más ni menos que el mismo entregado años antes a Netanyahu, pero adaptado a la mentalidad y circunstancias de los Estados Unidos del momento, siempre, claro está, bajo la visión del ala derechista del Partido Republicano.

Los redactores del informe del PNAC ocupan hoy en día puestos claves dentro de la administración Bush, principalmente en el Pentágono, por lo que no es difícil hallar una vinculación entre la actual política exterior de los Estados Unidos y los planes expuestos en el susodicho informe, en el cual encontramos los proyectos de estos "halcones" para hacerse con el control absoluto de Oriente Medio mediante una guerra contra Irak. Para ello pretendían acusar a Hussein de mantener vínculos con Osama Bin Laden, algo que utilizó posteriormente la administración Bush para justificar la guerra contra Irak —aparte de la existencia de las "fantasmas" armas de destrucción masiva—.

La pregunta que nos hacemos muchos es si la loca política exterior estadounidense que dirigen los "halcones" se lleva a cabo en interés de los Estados Unidos o de Israel. ¿Acaso estos hombres no están poniendo en práctica la política en Oriente Medio que defiende Ariel Sharon y su partido del Likud? ¿Las creencias religiosas de los "halcones" y su consiguiente apoyo a los intereses de la extrema derecha israelí son las que moldean su visión de la situación de Oriente Medio? Después de los datos aportados en este capítulo parece claro que la respuesta a estas preguntas es un claro sí. En otras palabras, las creencias religiosas del grupo de personas que hoy en día tiene en sus manos el destino de la nación más poderosa del mundo nos pueden llevar a una situación insostenible en Oriente Medio, lo que podría generar un conflicto entre "bloques" de terribles consecuencias.

<blockquote>
"Nuestra nación, la nación china, tiene coraje para combatir al enemigo hasta la última gota de sangre, determinación para recuperar con sus propias fuerzas todo cuanto ha perdido, y la capacidad para levantarse sobre sus propios pies entre las demás naciones".
</blockquote>

MAO TSE-TUNG, *Libro rojo*.

CAPÍTULO 3

USA *versus* China: claves de la nueva guerra fría

Cómo los sucesos más terribles de los últimos años responden a esta guerra oculta

CHINA VA CAMINO DE CONVERTIRSE en una gran superpotencia con capacidad para luchar contra Estados Unidos por la hegemonía mundial. Esta nueva situación geopolítica provoca un enfrentamiento entre las dos potencias en campos tan dispares como el militar, el cultural, el económico, el espacial o el de los servicios secretos. Pero la gran competencia tiene como eje central los enormes recursos energéticos de Oriente Medio. De este modo se explica la conspiración de los atentados del 11-S. Y es que en esta zona del planeta China y Estados Unidos se juegan la supremacía mundial durante el próximo siglo.

GORDON THOMAS, UNO DE LOS MÁS PRESTIGIOSOS PERIODISTAS de investigación del mundo, tuvo acceso a un informe altamente secreto, elaborado en el año 2000 por George Tenet, entonces director de la CIA, y sus asesores. El informe iba dirigido al presidente entrante George Bush y a los más importantes miembros de su administración, y se centraba en los desafíos que tendría que enfrentar Estados Unidos en los próximos años para seguir manteniendo su posición hegemónica en el complicado tablero mundial. Tenet no se anduvo por las ramas: El mayor enemigo de los Estados Unidos era China, y de continuar como hasta ahora la situación era probable un conflicto bélico entre las dos potencias antes del año 2015. En el *Informe Tenet* leemos: *"China, a medida que se vaya convirtiendo cada vez más en la nueva superpotencia del tercer milenio, proporcionará probablemente las armas biológicas y químicas y los artilugios nucleares de bolsillo necesarios para librar una guerra terrorista contra los Estados Unidos… Esas armas serán capaces de llegar a Estados Unidos, transportando cabezas nucleares, químicas y biológicas… Posiblemente hacía el año 2015, América abdicará de su papel como policía del mundo. Esto se producirá en un momento de tensión creciente en el Lejano Oriente; según las indicaciones actuales, cuando China ordene a Japón desmantelar su programa nuclear y deje a Estados Unidos sin otra alternativa que relacionarse con Asia en unas condiciones que podrían provocar un importante estallido bélico antes del 2015. Los protagonistas serían probablemente China y América".*

Las tesis de Tenet coincidían plenamente con la de los "halcones" del nuevo gobierno, por lo que no es extraño que a principios de su mandato el propio Bush declarara públicamente que a China había que tratarla como a un *"competidor estratégico, más que como a un socio estratégico"*, palabras que encendieron todas las alarmas del gobierno chino. Años después, con la decisión de invadir Irak, a los estrategas chinos ya no les cupo ninguna duda sobre que la máxima de la política exterior estadounidense era "ahogar" al coloso amarillo, tomando posiciones en lugares de grandes reservas de petróleo que en un futuro, por cercanía y previendo su crecimiento económico y militar, podrían estar bajo protección china. Los líderes chinos acusaron a Washington de "imperialistas", y según informaciones filtradas a varios medios de comunicación, los dirigentes del Partido

Comunista Chino (PCCh) también se han convencido que una confrontación directa con Estados Unidos podría darse antes de lo esperado.

Mientras tanto, la guerra económica, espacial, diplomática y de inteligencia entre las dos potencias cada vez se acentúa más. En varias ocasiones, la tensión ha estado a punto de provocar un conflicto de difícil marcha atrás, pero como apuntan varios expertos, si el conflicto no ha llegado todavía a un punto de no retorno es por los intereses económicos que comparten las dos naciones, una paradoja más en lo que se ha venido a llamar la Nueva Guerra Fría.

El dragón dormido abre un ojo

Es un hecho, China ha dejado atrás la ideología comunista. En realidad el nuevo coloso ha decidido entrar de lleno en la economía capitalista, pero sin enterrar el sistema político de partido único. El PCCh, rebautizado en broma por los ejecutivos chinos como el "Partido Capitalista de China", decidió llevar a cabo una gran reforma económica en 1976, a la muerte del "amado líder" Mao Tse-Tung. Dos años más tarde, el nuevo dirigente, Deng Xiaoping se dio cuenta de que la única forma de evitar el colapso del país era iniciar un doloroso camino hacía la economía de mercado, intentando a la vez que el sistema político permaneciera intacto. Habría que esperar hasta el 2002, para que el presidente Jiang Zemin acabara definitivamente la visión marxista de la economía. El PCCh aprobó la mayor reforma de su historia, defendiendo lo que llamaron teoría de las "tres representaciones", es decir, que desde ese momento el partido abría sus puertas, además de al proletariado, a los empresarios capitalistas y a los profesionales liberales. La cuarta generación de dirigentes, comandados por el presidente Hu Jintao, no hizo más que ahondar en las reformas. De esta manera, si antes se decía que China era un dragón dormido, a partir de este momento va camino de abrir los dos ojos. Esta situación ya se veía venir, sobre todo teniendo en cuenta que en el año 2001 entró en la Organización Mundial de Comercio (OMC), el "palacio" del capitalismo.

George Bush junto a los presidentes chinos
Jiang Zemin (arriba) y Hu Jintao (abajo).
A pesar de las cortesías diplomáticas, China y Estados Unidos están
librando una batalla por la supremacía mundial en el siglo XXI.

Para que nos hagamos una idea de la importancia que supone que 1.300 millones de personas entren de repente en el sistema capitalista mundial, bastan algunos datos y unas breves reflexiones: el crecimiento económico del nuevo coloso es del 10% anual, duplicando su Producto Interior Bruto cada siete años. A este paso se convertirá en 2010 en la primera potencia económica mundial, superando con creces a Estados Unidos. China es actualmente el segundo consumidor de petróleo del mundo, a pesar de que su consumo por habitante/año es de barril y medio, muy por debajo de los diez que consume cada español. Por otro lado, el número de automóviles se multiplicará por diez en los próximos quince años, lo que supondrá un aumento sin precedentes de la importación de petróleo. Lo anterior, sumado a la terrible industrialización que está teniendo lugar en China, profetiza que en pocos años será también el primer país importador de crudo, algo que inquieta a los países occidentales porque según los cálculos actuales no habrá petróleo suficiente para cubrir las futuras necesidades del coloso. Esto supondrá graves conflictos estratégicos por el control del "oro negro" con las potencias occidentales, principalmente con Estados Unidos. No en vano, la estrategia china en los últimos años es firmar acuerdos y realizar cuantiosas inversiones en Asia Central, zona que intenta dominar Estados Unidos, y es que si los norteamericanos consiguen el control de las reservas energéticas que China necesitará en los próximos años, asegurarán su supremacía mundial en el siglo XXI, de lo contrario China podría ocupar su lugar.

Por otro lado, las necesidades de carbón de China también son cuantiosas. Hasta ahora la falta de energía eléctrica ha sido el principal freno a su desarrollo, pero esta situación está cambiando con la instalación de cientos de centrales eléctricas y térmicas, lo que ha disparado el consumo de carbón a 1.400 millones de toneladas cada año. El país asiático también es el principal importador del mundo de acero, níquel y aluminio.

Otro dato que no debemos pasar por alto es que hoy en día China ya consume más grano, carne, fertilizantes y acero que Estados Unidos. Su consumo es tan exagerado que el problema es que no existen suficientes barcos para transportar todas las materias primas que exige China. Un

El presidente Hu Jintao, aspirconvertir a China en la superpotencia del siglo XXI.

dato espectacular que nos da cuenta de la importancia de las importaciones chinas es que en el año 2003 el aumento de las mismas supuso el 60% del aumento de importaciones mundiales.

Si Estados Unidos no logra contener al gran dragón, diversos estudios sobre la nueva superpotencia ponen de manifiesto que las exageradas importaciones chinas provocarán escasez de importantes materias primas, lo que generará un incremento de los precios y, por lo tanto, una grave recesión económica en el mundo. Si a la previsible crisis económica mundial le sumamos el incremento que la industrialización china va a suponer para la emisión de gases contaminantes a la atmósfera, no es exagerado afirmar que estamos frente a un desastre económico y ecológico de gran envergadura, que generará un enorme caos político y social, principalmente en el Primer Mundo. Este es el conflicto que enfrenta a las dos potencias. Se juegan nada más y nada menos que la supremacía mundial.

El arte de la guerra

CHINA Y LA URSS, LOS DOS GRANDES ESTADOS MARXISTAS DEL SIGLO XX, eran enemigos acérrimos. Ambos protagonizaron importantes choques armados en sus fronteras y prácticamente no mantenían ningún intercambio comercial. En 1971, Henry Kissinger, el astuto secretario de Estado norteamericano, viajó en secreto al país amarillo y firmó una alianza entre los

Estados Unidos y China. Desde ese momento comienza un fluido inter-cambio comercial entre los dos países, que continua hasta hoy en día. Sin embargo, la caída del imperio soviético y el nacimiento de China como la próxima gran superpotencia ha provocado un enfrentamiento con los Estados Unidos y un claro acercamiento a Rusia.

Actualmente, la estrategia militar estadounidense consiste en rodear a China. La maquinaria bélica de Estados Unidos está presente en el Mar de China y en el estrecho de Taiwán, territorio "rebelde" a la China conti-nental que cuenta con la protección militar estadounidense. El ejército norteamericano también mantiene barcos de guerra y bases militares en los mares y territorios de Córea del Sur y Japón. Decenas de aviones espía despegan de la base estadounidense de Okinawa, en Japón, para controlar las señales de radar y las comunicaciones chinas. Además, Estados Unidos mantiene bases permanentes en Irak y Afganistán, país fronterizo con China y donde los norteamericanos han instalado varias bases de intercep-tación de las comunicaciones, con el fin de obtener la máxima informa-ción sobre los movimientos militares chinos. A esto hay que sumarle las bases que mantienen en las nuevas repúblicas como Uzbekistán o Tadzikistán, antiguos territorios soviéticos, y los submarinos que patrullan las costas del Pacífico dotados de 20 misiles nucleares *Tomahawk* apuntan-do directamente a objetivos chinos.

Infinidad de analistas se preguntan por qué China permanece sin hacer nada mientras Estados Unidos están tomando posiciones claras en el con-flicto estratégico que enfrenta a las dos potencias. La respuesta, apuntan varios especialistas, puede que se encuentre en *El arte de la guerra*, un libro escrito alrededor del siglo IV a.de C. por el estratega chino Sunzi. Considerado el mejor manual de guerra de todos los tiempos, las ense-ñanzas de Sunzi sirven tanto para academias militares como para escuelas de negocios. Su visión estratégica —muy unida a la cultura, las creencias y el carácter chino— recomienda la tranquilidad, la inteligencia y el análisis templado de la situación, dejando que el enemigo cometa errores para, finalmente, aprovecharlos en beneficio propio, dando un último y defini-tivo ataque.

El entonces secretario de Estado norteamericano Henry Kissinger con el presidente chino Mao. Kissinger llegó a acuerdos secretos con los dirigentes chinos para oponerse a la Unión Soviética.

¿Está China esperando a que el potencial económico y militar estadounidense se debilite merced a sus costosas aventuras exteriores –Irak, Afganistán y los siguientes objetivos– e iniciar el "golpe" definitivo? Según varios informes de la CIA, ésta es efectivamente la estrategia del gigante asiático. En este sentido, la agencia de inteligencia y el Pentágono están más que preocupados por lo que ha dado en llamar "el nuevo arte de la guerra", en referencia al libro *La guerra sin límites,* escrito por los coroneles del Ejército Popular de Liberación (EPL) Wang Xiangsui y Qiao Liang, poseedores de una enorme influencia entre los dirigentes políticos y militares del país. En esta obra afirman que el principal perjudicado con las invasiones de Irak y Afganistán ha sido China y que la opinión general entre los generales del EPL es que *"si la OTAN impone un sistema de valores –por la fuerza– en un país europeo* –Yugoslavia– *mañana puede hacer lo mismo en Taiwán, en Tíbet o en Xinjiang* –territorio chino en el que el ejército libra una guerra contra independentistas islámicos–".

Xiangsui y Liang apuntan a que si en alguna ocasión China se ve obligada a defenderse contra una gran potencia –aludiendo a Estados

Unidos– debería hacerlo de todas las maneras posibles, llevando a cabo avanzadas tácticas de guerra en los campos financieros, comerciales, legales e ideológicos. Pero lo que más llamó la atención a los analistas norteamericanos es la visión de estos dos militares chinos de la estrategia militar norteamericana: creen que el complejo industrial-militar de Estados Unidos está demasiado centrado en la creación de nuevas armas y equipos tecnológicos, principalmente debido a las presiones de las multinacionales armamentísticas que no quieren perder los enormes beneficios que obtienen de las arcas del estado. Esto provocará, en opinión de los coroneles chinos, un colapso de la economía estadounidense, al mismo tiempo que desatienden los campos en los que se jugarán las guerras del futuro –información, informática, economía, terrorismo…–. En este sentido, a finales de abril de 2002, varios medios informativos dieron la noticia de que la CIA se estaba preparando para hacer frente a un gran ataque "cibernético" que estaban preparando los servicios secretos chinos. En otras palabras, todo indica que China está esperando a que Estados Unidos cometa importantes errores para "salir a la superficie".

El Pentágono también está enormemente preocupado por el espectacular aumento del gasto militar chino, que se cuadriplicará en los próximos veinte años. Estudios de inteligencia norteamericanos aseguran que China tiene desplegados unos 350 misiles balísticos apuntando a Taiwán, a los que agrega 50 más cada año. A esto hay que sumarle la experimentación de un nuevo misil guiado por radar, el *AA-12* ruso, la compra a Rusia de 2.000 misiles tierra-aire, 80 cazas de combate *Su-30*, una decena de submarinos y dos destructores. El EPL también ha logrado desarrollar un nuevo radar capaz de detectar a los más avanzados cazas norteamericanos *Stealth*, hasta entonces invisibles para los sistemas de control enemigos. La respuesta de los militares norteamericanos fue transferir a Taiwán 120 misiles aire-aire, que habían sido comprados por Taiwán, pero que permanecían en las bases norteamericanas todavía sin entregar.

A principios de julio de 2002, el Pentágono dio a conocer un estudio que afirmaba que los militares chinos estaban diseñando armas terrestres con el fin de destruir los sistemas de comunicación y vigilancia de los Estados Unidos en el espacio. En esas mismas fechas, un comité del Congreso estadounidense, conocido como *Comisión de Revisión de la Seguridad EE.UU-China*, emitió un informe que alertaba sobre los progresos económicos y armamentísticos de China, recomendando a las autoridades estadounidenses que evitaran que el coloso amarillo se transformara en *"una amenaza creciente contra los intereses de Washington en el Medio Oriente y en Asia en particular"*. También varios congresistas levantaron su voz cuando descubrieron que la gestión de los dos principales puertos del canal de Panamá, vital para los intereses comerciales norteamericanos, estaban en manos de empresas chinas. *"Parece que hemos entregado la plaza sin efectuar un solo disparo"*, afirmó el republicano William Cohen.

La respuesta del EPL al proyecto de la "Guerra de las Galaxias" estadounidense también fue suficientemente contundente. Según informes de la CIA, China pretende multiplicar por diez su arsenal de misiles de largo alcance, capaces de desbordar las defensas norteamericanas, incluido el famoso escudo antimisiles proyectado por los estrategas del Pentágono.

En opinión del Instituto de Investigación sobre la Paz Mundial de Estocolmo, China se convirtió en el principal importador de armas en el 2000 y 2001, y muy posiblemente lo haya sido también en los años siguientes. Y es que la retirada del gobierno de George Bush del Tratado ABM –Antimísiles Balísticos– ha provocado que el ejército chino inicie una carrera para modernizar su arsenal nuclear.

Por otro lado, el EPL, cuyos efectivos superan los tres millones de hombres, ha decidido extremar al máximo la seguridad de sus comunicaciones, sabedor de que las antenas y los satélites espía estadounidenses los apuntan directamente. En una circular, el EPL prohibía la utilización a *"todo el personal militar de teléfonos móviles, buscas o cualquier otro aparato de telecomunicaciones si no está autorizado por el comandante de la división o de la brigada"*.

Un tema de fricción constante entre Estados Unidos y China es Corea del Norte, el único país estalinista que pervive en el planeta. El apoyo de

China al decadente régimen de Kim Jong-il no tiene nada que ver con cuestiones ideológicas, sino con la pretensión de que el país del "tío Sam" no se haga con el control de Corea del Norte, y logre sitiar todavía más a China.

En cuanto al asunto de la invasión china a Tíbet, es sabido que el gobierno en el exilio dirigido por el Dalai Lama ha sido apoyado y financiado por la CIA. De hecho el propio Dalai Lama reconoció que su organización recibió fondos de la agencia de espionaje, aunque asegura que fueron utilizados únicamente para propagar su filosofía. Lo cierto es que las organizaciones budistas han sido desde mediados del siglo XX la mejor campaña propagandística estadounidense sobre abusos a los derechos humanos por parte del ejército chino.

En Nepal, sin embargo, es China quien financia a una guerrilla maoísta que lucha contra el régimen monárquico y gobierna el país con el apoyo estadounidense. Aunque sin duda la isla "rebelde" de Taiwán es la principal causante de conflictos entre los ejércitos chino y estadounidense. La Guerra Civil china de 1949 enfrentó a comunistas contra nacionalistas. La victoria de los primeros encabezados por el "Gran Mao", hizo que los nacionalistas recalaran en la isla de Taiwán. Desde entonces la isla es reconocida en los órganos internacionales como parte de China, pero en la práctica mantiene un gobierno y un ejército propio, siempre bajo el paraguas estadounidense.

Durante las elecciones taiwanesas de 1996, el líder del partido Kuomintang se envalentonó, retando al gobierno de Pekín. El régimen comunista respondió ordenando la ejecución de unas espectaculares maniobras militares frente a las costas de Taiwán, utilizando munición real. En consecuencia, Estados Unidos acudió en defensa de su aliado con el mayor despliegue naval en Asia desde la guerra de Vietnam, que incluía portaaviones y submarinos nucleares, barcos y 140 cazas de combate. Pekín, en un momento de gran tensión, advirtió a los navíos estadounidenses que respondería si penetraban en el estrecho de Taiwán. Finalmente las aguas volvieron a su cauce, pero China durante ese año realizó varias pruebas con sus misiles *M-9*, que disparó sin carga explosiva contra objetivos cercanos a importantes puertos taiwaneses. Los nor-

El "líder supremo" del último país estalinista de la Tierra, Corea del Norte, junto al entonces presidente chino Jiang Zemin.
China apoya al demencial régimen norcoreano únicamente para que la nación no caiga bajo la influencia estadounidense.

teamericanos, por su parte, entregaron a Taiwán 150 bombarderos *F-16A*. En las elecciones de 2000, otro líder taiwanés, Lee Teng-hui, pidió públicamente unas relaciones con Pekín *"de estado a estado"*. Aviones del EPL cruzaron varias veces el espacio aéreo de la "isla rebelde" y Estados Unidos, de nuevo, envió portaaviones a la zona. La tranquilidad duraría hasta 2004, cuando los "halcones" de la administración Bush decidieron hacer una serie de maniobras militares cerca de Taiwán con siete unidades de ataque. Era la primera vez en la historia que siete de las doce unidades de ataque de la Marina estadounidense se desplegaban simultáneamente en un mismo lugar. El EPL, sabiéndose inferior para hacer frente al "reto" estadounidense, anunció la puesta en marcha de un "proyecto" que les permitiría combatir y derrotar a siete unidades de ataque norteamericanas.

Durante el año 2001, en virtud de un acuerdo firmado con China, Estados Unidos liberalizó el mercado de corpiños, es decir, eliminó la tasa obligatoria que las empresas chinas debían pagar para introducir su producto en el mercado estadounidense. Los efectos no se hicieron esperar, en tan sólo un año China multiplicó sus exportaciones por siete y el precio de los corpiños descendió un 54%. Este intrascendente ejemplo muestra las causas de la oculta guerra comercial que libran las dos potencias. Washington acusa a Pekín de aprovechar su mano de obra barata y la devaluación de su moneda para inundar el mercado estadounidense de productos con los que no pueden competir las industrias del país. De hecho, varios analistas han dado la voz de alarma ante el hecho de que el déficit comercial de Estados Unidos con China asciende a 125.000 millones de dólares, es decir, ¡un 22% del déficit total de la balanza comercial estadounidense! Este déficit con China genera una enorme destrucción de puestos de trabajo estadounidenses, lo que ha llevado a algunos analistas a concluir que los planes comerciales de China forman parte de un "ataque comercial" contra Estados Unidos. Para atajar el problema, Washington decidió publicar una lista de importaciones chinas por valor de 3.000 millones de dólares, que serían afectadas por aranceles del 100% de su valor. Al envite China respondió que en caso de continuar los "abusivos aranceles" no cumplirán los acuerdos para proteger los derechos de la propiedad intelectual de Estados Unidos en el mercado chino. Dicho de otro modo, el gobierno chino permitiría, sin ningún tipo de trabas, la expansión de la piratería de marcas americanas. *"Si Estados Unidos anuncia algún tipo de sanción a China, inmediatamente responderemos con una serie de medidas en las que estará en juego un valor aún mayor que el que ellos manejan"*, manifestó con rotundidad el director general del Ministerio de Comercio Exterior de China.

En el año 1999 China estaba intentando por todos los medios ser admitida en la Organización Mundial del Comercio (OMC), pero sus esfuerzos eran obstaculizados por la administración estadounidense a petición del Pentágono y la CIA. En pleno "combate" entre las diplomacias de las dos potencias, varias bombas estadounidenses caían sobre la embajada china en Belgrado, durante los ataques de la guerra de Yugoslavia. Tres diplomáticos chinos fallecieron y veinte resultaron heridos. Y es que la CIA creía que Serbia organizaba su defensa aérea gracias a las informaciones de radar que le transmitía el ejército chino –¿a través de la embajada?–. La OTAN aseguró por boca de Javier Solana, entonces director general de la organización militar, que todo se había debido *"a un lamentable error"*. El gobierno chino rechazó las poco creíbles explicaciones de la OTAN llamando a Solana *"lacayo patético de los imperialistas norteamericanos"*. El presidente Jiang Zemin fue todavía más allá al afirmar que el poder militar-industrial de los Estados Unidos quería desatar una guerra mundial.

Otra grave crisis diplomática tuvo lugar en el año 2001, cuando los radares chinos detectaron la presencia de una aeronave desconocida sobrevolando el espacio aéreo del país. Se trataba de un avión espía estadounidense conocido como *EP-3*. Estos vuelos eran bastante habituales y pese a las protestas chinas, se seguían llevando a cabo. Sólo que en esta ocasión dos cazas chinos recibieron la orden de interceptar al "intruso". En plena persecución, uno de los cazas chinos impactó contra el *EP-3*. El piloto falleció y el avión espía se vio obligado a realizar un aterrizaje de emergencia en suelo chino. Inmediatamente, efectivos del EPL apresaron a los tripulantes norteamericanos y se hicieron con los restos del avión, que pasó a manos de ingenieros militares que estudiaran hasta el último centímetro del artefacto con el fin de repetir su tecnología. Después de varias negociaciones, Pekín entregó a las fuerzas estadounidenses los prisioneros y los restos del avión espía. Para Andrew Brookes, analista del Instituto Internacional de Estudios Estratégicos de los Estados Unidos, la misión de los vuelos de aviones espía norteamericanos sobre China no era obtener información, sino advertir cómo reacciona el enemigo ante tales hechos: *"Se puede conseguir mucha más información con los satélites espía, pero nunca sabrás cómo reacciona el adversario potencial si no lo testeas periódicamente"*.

En el año 2003, el coloso amarillo entró por la puerta grande en la historia de la carrera espacial. Después del lanzamiento de varias cápsulas espaciales no tripuladas, la nave *Shenzhou V* –Nave Divina– envió al primer astronauta chino al espacio. Yang Liwei, militar del EPL de 38 años, aterrizó sin mayores problemas en la meseta de Mongolia, convirtiendo así a China en el tercer país del mundo en lanzar un hombre al espacio, tras

Estados Unidos y la antigua Unión Soviética. Después del éxito de la misión, las autoridades chinas anunciaron que en los próximos tres años pondrían un satélite en órbita lunar para investigar la geografía y los recursos del astro; enviarían un hombre a la Luna antes de 2020 y construirían una estación espacial permanente. Las autoridades chinas también recordaron que este éxito de los científicos chinos se une a los obtenidos con la construcción de la bomba nuclear china, el primer misil con tecnología nacional y un satélite apto para ser tripulado.

Poco después, un informe del Pentágono alertaba que el programa espacial chino contribuirá al perfeccionamiento de sus sistemas espaciales

Restos de la embajada china en Belgrado, destruida por bombas de la OTAN. Varios representantes de la diplomacia china fallecieron y otros resultaron heridos. El gobierno chino cree que se trató de la respuesta de Estados Unidos a los esfuerzos del país asiático por entrar en la Organización Mundial del Comercio y por su apoyo al régimen de Belgrado.

Avión espía *EP-3* como los que utiliza Estados Unidos para vigilar al ejército chino. La captura de uno de estos aviones desencadenó una importante crisis diplomática.

militares en el periodo 2010 - 2020. Por su parte, Roger Handberg, científico espacial y profesor de la Universidad de Florida, afirmó que *"el programa espacial chino es una interesante vuelta atrás en el tiempo cuando los países volaban al espacio por prestigio internacional y poder. China desea estar en el ranking de los países top"*. Una visión compartida por William Martel, profesor de la Escuela de Guerra Naval de Rhode Island, quien añade que *"la obsesión de China con el prestigio internacional, que es el telón de fondo de sus intereses comerciales y militares, anima también su política espacial"*. No olvidemos que George Bush declaró hace algunos meses que el gobierno de Estados Unidos pretende construir una base lunar permanente para estudiar los recursos del astro. En este sentido, el periodista Edward Timperlake, autor de *El año de la rata*, libro que trata sobre las operaciones chinas para hacerse con tecnología occidental, afirma que el renovado interés de los chinos por la Luna radica en la existencia en su suelo del "helio 3", un isótopo raro en la Tierra, que algunos científicos piensan que puede ser un combustible limpio en los futuros reactores de fusión nuclear, lo que solucionaría en un futuro los problemas energéticos de China, cuyos gobernantes

Momento de la entrega de los tripulantes del *EP-3* a las autoridades militares estadounidenses.

saben que tendrán difícil el acceso a fuentes energéticas. *"Tenemos que apro-vechar este momento en que ningún otro país tiene un plan completo para volver a la Luna"*, declaró Luan Enjie, director de la Agencia Espacial China, que también cuenta con planes para el estudio de Marte.

11-S: Conspiración contra China

COMO YA APUNTABA ANTERIORMENTE, las necesidades de petróleo del coloso hacen que deba hacer verdaderas piruetas en su política exterior. Japón, China y Estados Unidos compiten por obtener la construcción de oleoductos en la región rusa de Siberia que transporten el preciado "oro negro" a sus respectivos territorios. Rusia intenta contentar a todos con la creación de varios oleoductos, pero además mantiene una línea de exportación de crudo con China a través del ferrocarril. En cuanto a Oriente Medio, la cuestión es diferente. Estados Unidos ha puesto en funcionamiento su impresionante maquinaria militar para hacerse con el control de la zona al precio que sea. China, por su parte, a pesar de las protestas de Washington, ha llegado a acuerdos con Irán, un país rico en recursos petrolíferos que esta vetado a las compañías norteamericanas. No en vano el gobierno estadounidense ha encuadrado a Irán dentro de las naciones del "eje del mal" y es su próximo objetivo militar después de Afganistán e Irak.

Yang Liwei, el primer astronauta chino, tras el éxito de su misión. China planea competir con los Estados Unidos por la conquista del espacio.

Pero el gobierno de Pekín también ha logrado importantes acuerdos con Arabia Saudí, el principal aliado estadounidense en la zona. A cambio del acceso a sus reservas petroleras, China oferta millonarias inversiones en el país, además de ofrecerle la más avanzada tecnología armamentística, algo que Europa y Estados Unidos han rehusado hacer en el pasado.

Sin embargo, el país donde se jugaba la gran partida por el control de los recursos energéticos de Oriente Medio era Afganistán, al menos hasta que el ejército norteamericano lo invadió.

A mediados de los años 90 se descubren enormes reservas de petróleo y gas natural en una zona ocupada por antiguos territorios soviéticos, hoy convertidos en repúblicas independientes –Uzbekistán, Tadzikistán, Turkmenistán, Kazajastán, Kuirguizia–. Enseguida Estados Unidos vio su oportunidad de controlar la zona, para lo que puso en marcha una campaña de "ayudas al desarrollo", además de incluir a estos territorios bajo la protección en la OTAN. Compañías petrolíferas norteamericanas formaron un poderoso "lobby" para explotar conjuntamente los recursos de la región. En este grupo encontramos a personajes enormemente influyentes en las últimas administraciones estadounidenses como Zbignew Brzezinsky, antiguo consejero de Seguridad Nacional de Jimmy Carter; Dick Cheney, actual vicepresidente de Estados Unidos o Madeleine Albright, secretaria de Estado con Clinton. La idea de este poderoso conglomerado de compañías, con el apoyo de la CIA y el ejército, era construir uno o varios oleoductos que llevaran el petróleo desde estas antiguas repúblicas soviéticas hasta Pakistán, país aliado, y desde allí transportarlo en barcos hacia Estados Unidos. Sólo había un problema, éste tendría que pasar obligatoriamente por Afganistán y la situación en el país, dominado por los radicales talibanes y en medio de constantes guerras entre los diferentes clanes, no era la mejor. De todos modos, el gobierno estadounidense llegó a un acuerdo con los líderes talibanes, y así 138 miembros del gobierno afgano fueron invitados a Estados Unidos para recibir formación en las técnicas de construcción y mantenimiento de oleoductos. La empresa encargada de construir la primera canalización, Unocal, eligió al afgano residente en Estados Unidos Hamid Karzai como representante de la petrolera para tratar con el gobierno talibán. En un principio todo parecía una "luna de miel", los talibanes eran mostrados ante el público estadounidense como libertadores de su pueblo —incluso fueron comparados con los padres fundadores de Estados Unidos— en una campaña publicitaria sin precedentes. Por supuesto, nada se decía sobre la cuestión de los derechos humanos o la situación en la que vivían las mujeres afganas.

Sin embargo, las cosas se complicaron, y los radicales talibanes decidieron que ningún "infiel occidental" pondría sus pies en la república islámica de Afganistán. El enfrentamiento entre el gobierno estadounidense y los talibanes era cada vez más evidente, momento que aprovechó el gobierno chino para enviar varias delegaciones al país para tratar con el gobierno afgano. Según confesó a la CIA Xu Junping, un coronel del ejército chino que había desertado a Estados Unidos, el ejército del EPL les había proporcionado a los talibanes varios equipos de defensa electrónica de tecnología punta desarrollados en Gran Bretaña y Estados Unidos. Al mismo tiempo, la diplomacia china mantenía constantes relaciones con los gobiernos islámicos de los ex territorios soviéticos para convencerles de que no permitieran que las compañías norteamericanas explotaran sus recursos sin escuchar las ofertas de Pekín.

Es entonces cuando el complejo industrial-militar y el petrolero, representados por George Bush y su vicepresidente Dick Cheney, deciden conquistar por la fuerza Afganistán. La cuestión era de una trascendencia enorme. Si las compañías estadounidenses no lograban la construcción de los preciados oleoductos y los chinos conseguían el control de la zona, Estados Unidos dejaría de ser la gran potencia mundial en el próximo siglo. China obtendría suficientes recursos energéticos para convertirse en la gran superpotencia y, lo que es peor, tendría en sus manos el futuro económico e industrial de Estados Unidos. Sólo hacía falta una "excusa" para iniciar la conquista de Afganistán, y después de todo Oriente Medio —Irak, Irán, Siria—. En juego estaba la supremacía mundial en el próximo siglo. Y la "excusa" ante la opinión pública internacional fueron los atentados del 11-S, una brillante operación de inteligencia planificada por los poderes económicos y militares que dominan Estados Unidos. No es mi intención entrar al fondo de la conspiración de los atentados contra el Pentágono y las Torres Gemelas, ya se ha escrito bastante sobre el asunto, y está suficientemente contrastado. A quien le interese ahondar más en el asunto le recomiendo la lectura de *11-S, Historia de una infamia*, una documentada obra escrita por el periodista español Bruno Cardeñosa. Sin embargo, no me resisto a ofrecer algunos apuntes sobre la oscura trama que rodea los atentados del 11-S.

La Organización Internacional de las Comisiones de Valores (IOSCO) emitió un informe en el que se afirmaba que alguien tuvo que saber días antes que se iban a producir los atentados del 11-S. Estos "iniciados" ganaron cientos de millones de dólares especulando en bolsa contra las compañías aéreas y de seguros que se vieron perjudicadas por los atentados. IOSCO estableció que la mayor parte de las transacciones pasaron *"por el Deutsche Bank y su sucursal americana de inversiones, la empresa Alex Brown, mediante un procedimiento de 'portage' que asegura el anonimato de quie-*

nes realizan las transacciones". La compañía Alex Brown está dirigida por A. B. Krongard, en ese momento número tres de la CIA. Alex Brown controla parte de las inversiones de Carlyle Group, cuyo director ejecutivo es Frank Carlucci, ex secretario de Estado de Defensa e íntimo amigo de Donald Rumsfeld, que hoy ocupa el mismo cargo. Algunos de los principales directivos de Carlyle son: El ex presidente George Bush, el ex primer ministro británico John Major, el ex secretario de Estado con Bush padre, James Baker y Fred Malek, director de la campaña electoral de Bush hijo, cuyos fondos aportó en gran parte el grupo Carlyle. Además Carlyle gestiona buena parte de los bienes económicos de la familia Bin Laden —los Bush y los Laden llevan décadas haciendo negocios juntos, principalmente en el sector petrolero—. Carlyle también posee la mayoría de las acciones de United Defense, empresa de armas que ha recibido tras el 11-S miles de millones de dólares de la administración Bush para desarrollar nuevas armas.

Algunas de las personas que fueron culpadas de formar parte de los terroristas suicidas que estrellaron los aviones, nada tienen que ver con el terrorismo y viven tranquilamente en sus países.

Que los suicidas se olvidaran un manual de vuelo junto a retratos de Bin Laden en un coche cerca del aeropuerto o que se hallara "milagrosamente" el pasaporte del líder de los suicidas entre los escombros de las Torres Gemelas apuntan a una operación de inteligencia.

Ninguno de los suicidas estaba preparado para realizar las complicadas maniobras aéreas que eran necesarias para estrellar los aviones contra las Torres y no digamos contra el Pentágono.

En el Pentágono no se estrelló ningún avión, sino un misil. Las fotografías de los daños al Pentágono así lo indican, además de que sólo un testigo —un militar— dice haber visto el avión. Una filmación sobre el atentado al Pentágono fue filtrada por una fuente anónima a la cadena de televisión NBC. En dicha filmación se observa un pequeño objeto alargado que se dirige a toda velocidad contra el edificio a ras de suelo. Sin duda no era un Boeing.

Los servicios secretos de Estados Unidos recibieron decenas de avisos de servicios extranjeros y de sus propios agentes de que se fraguaba un gran atentado con aviones contra importantes enclaves de Estados Unidos. La CIA afirmó después de los atentados que esto no era cierto, pero tras la cascada de revelaciones periodísticas tuvo que reconocer que estos informes existían, pero que no les habían prestado la atención debida. Además, varios agentes del FBI acusaron públicamente a sus superiores de prohibirles que investigaran a los suicidas semanas antes de los atentados.

Los sobres de antrax que durante varias semanas atemorizaron a la población estadounidense y cuya responsabilidad el gobierno atribuyó a Bin Laden, los talibanes e Irak, finalmente se descubrió que procedían de laboratorios militares norteamericanos, según reveló públicamente el FBI. Desde entonces no se han vuelto a repetir estos hechos y ningún culpable ha sido apresado.

El resto de la historia es más que sabida: Estados Unidos invade Afganistán e impone como presidente del país a Hamid Karzai, antiguo asesor de la empresa petrolera Unocal. El 22 de diciembre Karzai y los presidentes de Turkmenistán y Pakistán firman el acuerdo para construir el deseado oleoducto. En resumidas cuentas, Estados Unidos había ganado una batalla crucial en su pugna contra el gigante amarillo.

Juego de espías

Durante la presidencia de Jiang Zemin, el gobierno chino encargó la construcción

El año de la rata, del periodista Edward Timperlake, quien asegura en el libro que China pretende llegar a la Luna con el fin de estudiar la viabilidad del isótopo "helio-3" como fuente de energía del futuro.

del avión presidencial a varias compañías estadounidenses, bajo la férrea supervisión de veinte oficiales del ejército chino. Después de que el avión fuese entregado y unos días antes de que lo utilizara por primera vez el presidente, el servicio secreto chino (CSIS) descubrió casi treinta minúsculos micrófonos escondidos en las sillas del avión, en el baño del presidente e incluso en su propia cama. Todos los miembros del ejército chino que vigilaron la construcción del avión fueron detenidos, pero el gobierno de Pekín decidió tomar una actitud prudente y "dejar pasar" el tema para no tensar las relaciones con Estados Unidos.

Meses después, una comisión del Congreso estadounidense, la comisión Cox, acusó a los servicios de inteligencia chinos de robar los mayores secretos militares de Estados Unidos. Lo cierto es que tenían toda la razón y lo peor de todo es que en la operación había participado el Mossad, el servicio secreto de Israel, uno de los principales aliados de Estados Unidos.

La historia comienza en el momento que William Hamilton y Nancy Burke, esposos y propietarios de una empresa informática, desarrollan un programa conocido como *Enhanced Promis*. Los Hamilton enseguida se percataron de que tenían entre las manos una "bomba de relojería" que los podría hacer multimillonarios. El programa informático poseía la facultad de buscar y relacionar datos inconexos de todo tipo de archivos y transformarlos en información. Con sólo apretar una tecla, por ejemplo, un funcionario judicial podía acceder a todas las informaciones de cualquier archivo –judicial, bancario, tráfico, tarjetas de crédito, consumo de agua…–, y lo que es más importante: esos datos inconexos se transformaran en "inteligencia". Los Hamilton explicaron del siguiente modo el funcionamiento de Promis ante varios altos cargos del Departamento de Justicia de Estados Unidos: *"Si una persona investigada, de pronto empezara a utilizar más agua y electricidad y hacer más llamadas telefónicas, sería razonable pensar que tiene invitados en casa. 'Enhanced Promis' podría entonces empezar a buscar los archivos de sus asociados y amigos. Si se descubriera que alguno de ellos ha dejado de usar sus comodidades esenciales, entonces podría deducirse que está alojado con el objetivo original. Así la red se ensancharía. 'Enhanced Promis' tiene la capacidad de realizar búsquedas simultáneas de 100.000 personas".*

Enseguida, merced a sus contactos en el Departamento de Justicia, se enteró de la noticia Rafi Etián, probablemente el mejor agente secreto de todos los tiempos. Etián, espía del Mossad, operaba en Estados Unidos y había logrado robar importantes informaciones ultrasecretas a la nación más poderosa del planeta. Una de sus hazañas más conocidas consistió en colarse en el Area 51, la zona militar más secreta del país, haciéndose pasar por un ejecutivo de una empresa de armas, con el fin de asistir a las pruebas del avión *Stealth* —invisible al radar—, entonces uno de los grandes secretos del mundo de la aviación. Etián filmó las pruebas del *Stealth* con una cámara oculta, amén de obtener importantes informaciones técnicas que inmediatamente transmitió a Israel.

Etián, como siempre con una nueva identidad, visitó en su casa a los Hamilton y, todavía hoy no se sabe cómo, robó el *Enhanced Promis*. Gracias al programa, el Mossad pudo localizar y asesinar a varios terroristas palestinos en Oriente Medio y Europa, pero Etián pretendía sacarle todavía más partido al *Promis*. Le encargó a los informáticos del Mossad que idearan una "puerta trasera" en el programa, de modo que el servicio secreto israelí pudiera acceder a los archivos de todos aquellas instituciones en cualquier parte del mundo que tuviera instalado el *Promis*. Sólo faltaba encontrar una fachada creíble para comercializar el "producto" en todo el mundo. De este modo, pensaba Etián, Israel podría acceder a los secretos más importantes de las principales potencias del mundo. El superespía israelí eligió a Robert Maxwell, un multimillonario magnate de los medios de comunicación británicos cuya ideología era furibundamente proisraelí. La misión de Maxwell era vender el programa al máximo de países posibles utilizando de pantalla una empresa tecnológica que poseía en Israel.

Todo marchaba según lo planificado por Etián hasta que Maxwell acuciado por importantes deudas con varios bancos decidió revelarle al servicio de inteligencia chino (CSIS) la existencia de una "puerta trasera" en el programa y cómo utilizarla. Claro está, a cambio de más dinero. Cuando Etián se enteró de lo sucedido, como buen espía que era, decidió aprovechar el "contratiempo" en beneficio propio. De este modo, el CSIS y el Mossad idearon el golpe más increíble de la historia contra los secretos de

George Bush y el presidente afgano, impuesto por Estados Unidos, Hamid Karzai, antiguo asesor de la petrolera Unocal, empresa que pretendía construir un oleoducto que pasara por Afganistán durante el gobierno de los talibanes.

Estados Unidos. Si Maxwell lograba vender el *Promis* a los responsables de las instalaciones militares de Los Álamos —el centro donde se desarrollan las investigaciones militares más secretas de Estados Unidos, incluidas las nucleares—, el CSIS y el Mossad tendrían en sus manos los grandes secretos tecnológicos de la nación más poderosa de la Tierra. Gracias a sus relaciones con el senador John Tower, Maxwell tuvo la ocasión de ofrecer una conferencia de presentación del *Enhanced Promis* a los responsables de Los Álamos. Pos supuesto no dijo nada de la "puerta trasera". Los responsables de la ultrasecreta instalación quedaron encantados y tiempo después compraban el programa informático a la empresa de Maxwell.

La operación de espionaje más importante del siglo fue preparada en un anexo a la parte trasera del edificio del Ministerio de Defensa chino. Participaban más de cien especialistas informáticos, muchos de ellos curiosamente formados en Estados Unidos. El objetivo era entrar en los discos duros de la División X, unas bóvedas de alta seguridad que constituían la instalación más secreta de Los Álamos, y donde se almacenaban los mayores secretos del país, por lo que los discos estaban sometidos a unas medidas de seguridad absolutamente infranqueables. Claro que el CSIS y sus informáticos contaban con la ventaja del *Promis* y su "puerta trasera". El CSIS construyó una instalación lo más parecida posible a la División X, con todas sus medidas de seguridad, para que sus técnicos pudieran ensayar el robo antes del gran día. En la mayoría de las ocasiones habían logrado traspasar las medidas de seguridad de la "División X china", así que las cosas no podían pintar mejor.

Meses después, el equipo de técnicos del CSIS que iba a llevar a cabo el golpe llegaba a Puerto Peñasco, en la parte superior del golfo de California, en México. Los agentes chinos habían volado desde Pekín hasta Hong Kong. Desde allí tomaron un avión hacía la capital de México, donde se trasladaron en un coche hasta Puerto Peñasco. Allí los esperaba un barco con todos los equipos informáticos para llevar a cabo el golpe. Varios agentes del CSIS en México se encargaron de coordinar la llegada del material técnico. El asalto a Los Álamos se iba llevar a cabo desde el interior del barco, tomando todas las precauciones para no ser localizados por los satélites espía estadounidenses y los sistemas de seguridad y seguimiento de Los Álamos. Horas después, los agentes del CSIS ya tenían en su poder los más secretos adelantos tecnológicos de Estados Unidos, información que compartieron con el Mossad como parte del trato al que habían llegado ambos servicios.

A finales de noviembre de 2000 tuvo lugar una reunión en la sala de juntas de la División X de Los Álamos. Asistían George Tenet –director de la CIA–, Dearlove –director del M16 británico–, Freeh –director del FBI– y Eugene Habinger –jefe de seguridad de Los Álamos–. Todos ellos, en un alarde colaboracionista nunca visto hasta entonces, pusieron encima de la mesa las informaciones que poseían sobre un presunto robo de "material altamente sensible" de las ultrasecretas instalaciones. La conclusión, una vez juntadas todas las piezas, estaba clara: Israel y China poseían todos los secretos tecnológicos de Estados Unidos. Desde ese momento China tenía la capacidad de competir prácticamente en igualdad de condiciones con Estados Unidos en desarrollo tecnológico. Comenzaba una nueva era para el mundo, marcada por la constante competencia entre Occidente y el dragón dormido, que ya se estaba despertando de su largo letargo.

"Todas las formas de asociación libres han sido siempre censuradas, limitadas, prohibidas,
manipuladas y controladas por todas las dictaduras,
de derechas o de izquierdas".

Fernando de la Vieter Nobre
Presidente de Asistencia Médica Internacional (AMI)

Capítulo 4

Organizaciones ¿no gubernamentales?

Cómo ONG y asociaciones humanitarias sirven a oscuros intereses

Nadie duda de la gran labor que realizan infinidad de ONG, especialmente en las zonas más conflictivas del planeta. Sin embargo, debido al enorme eco que sus campañas y denuncias obtienen en la opinión pública, gobiernos y multinacionales tratan de controlarlas y manipularlas, utilizando todo tipo de medios y estrategias para ese fin.

A LAS TRES EN PUNTO DE LA TARDE, Luis entró por la puerta del restaurante. Miró a derecha e izquierda y, como de costumbre, se sentó en la mesa
de forma que siempre pudiese tener controlado quien entraba y salía del
local. Sonriente, me estrechó la mano con fuerza: *"Cuanto tiempo sin verte,
muchacho. A ver, cuéntame, en que andas metido ahora"*. Así, al igual que en
nuestros anteriores encuentros, comenzamos a charlar sobre política,
terrorismo, sectas y todo ese ámbito de cuestiones ocultas y manipulaciones por las que, desde tiempo atrás, ambos compartíamos intéres. Nuestra
diferencia radica en que, a pesar de trabajar en el "mundo de la información", un servidor investiga para publicar lo que sabe, mientras que mi
contertulio utiliza esa información para luchar contra el crimen. Luis, aunque nadie lo diría a simple vista por su aire de intelectual despistado, es un
destacado miembro del Servicio de Información de la Guardia Civil
(SIGC) cuyas investigaciones han hecho posible la desarticulación de
comandos terroristas e importantes mafias del narcotráfico.

Como hago habitualmente después de cualquier charla informal con
alguna de mis "fuentes", apunté en mi cuaderno las cuestiones más interesantes a las que se refirió Luis. Una me llamó extraordinariamente la
atención. Mi interlocutor me informó que habían detectado la creación en
diversas ciudades españolas de sendas ONG dedicadas a la protección de
los inmigrantes. Lo sorprendente del asunto es que al frente de estas asociaciones se encontraban individuos que militaban en el movimiento neo-
nazi español. Luis me confirmó que, según sus investigaciones, la pretensión de estos neonazis era explotar laboral y económicamente a los inmigrantes, sobre todo a los que permanecían en el país de forma irregular.

Pocas semanas después, me cité con una persona que había pertenecí-
do a la cúpula directiva de una importante asociación de defensa de la
naturaleza. En un momento de nuestra conversación le interrogué sobre la
posibilidad de que algún servicio secreto se hubiese infiltrado en la organización. Me esperaba como respuesta un no rotundo y, cuanto menos,
cierto rictus de sorpresa por la pregunta. Sin embargo mi interlocutor se
me quedó mirando fijamente y me espetó: *"Te voy a contar una historia que
pocos saben, a condición de que no reveles mi identidad ni el nombre de la organi-*

zación de la que formé parte. A finales de los 80, uno de los dirigentes más comba-
tivos de la organización se encontraba a punto de fallecer en un hospital víctima de
una terrible enfermedad. A modo de despedida lo fui a ver para darle el último abra-
zo. Estaba francamente mal, así que supongo que se vio en la necesidad de descar-
gar su conciencia conmigo. Ante mi asombro me confesó que desde el principio había
estado trabajando para el servicio secreto español. Me dijo que en los primeros años
su cometido era simplemente el de redactar informes sobre nuestras actividades, un
trabajo rutinario que no tenía la mayor importancia. Sin embargo, cuando comen-
zamos a crecer como organización y a inmiscuirnos en cuestiones políticas y de
denuncia social recibió el encargo de tratar de dirigir nuestros pasos y acciones por
donde querían sus superiores en el servicio secreto. Durante casi una hora me fue des-
granando las técnicas que utilizó para manipularnos sin que nos diéramos cuenta.
Los dos lloramos, pero al final acabamos dándonos un abrazo y preguntándonos por
qué este mundo es tan complicado; por qué a veces crees que luchas por una causa
justa y sin embargo estás sirviendo a intereses bastardos…".

Objetivo: controlar a las ONG

A principios del año 2001, la izquierda europea se vio sorprendida por el
descubrimiento que hizo una organización ultraizquierdista asentada en
Suiza. Construcción Revolucionaria desenmascaró a un agente de los servicios secretos alemanes que llevaba desde mediados de los años 70 infiltrado en todo tipo de asociaciones de la izquierda radical europea. El alemán Manfred Schlickenrieder poseía un banco de datos de cientos de personas con fotos y explicaciones sobre sus conexiones, además de numerosas conferencias, manifestaciones y acciones de movimientos de izquierda,
grabados por su productora de vídeo Gruppe 2.

Aprovechando sus conocimientos de documentalista, Schlickenrieder
comenzó en los 70 a ponerse en contacto con los partidos comunistas de
la época. Según descubrió la prensa alemana, el topo se llevaba más de un
millón de pesetas al mes de los fondos reservados por sus servicios y su
mejor amigo era Karsten Banse, un agente de la inteligencia militar alemana (MAD). También se sabe que el infiltrado ofreció a militantes del

Manfred Schlickenrieder, infiltrado del servicio secreto alemán en varios grupos ecologistas. También espió a Greenpeace para obtener información sobre las futuras campañas de la organización contra las grandes compañías petroleras.

grupo terrorista turco Dev Sol la compra de armas y municiones, aunque se desconoce por qué razón.

Sin embargo, lo interesante para lo que nos ocupa en este capítulo es que Schlickenrieder en 1996 recibió el encargo de sus superiores de espiar las actividades que determinadas ONG llevaban contra las petroleras Shell y BP. Querían saber, por un lado, si se podía producir alguna campaña de boicot de los consumidores contra las petroleras y, por otro, averiguar el modo de arruinar económicamente a Greenpeace. Sea como sea, lo cierto es que gracias al topo, las multinacionales del petróleo supieron siempre con antelación los planes que preparaban Greenpeace y otras organizaciones.

Resulta evidente que las Organizaciones No Gubernamentales poseen cada vez una mayor influencia sobre la opinión pública, lo que provoca irremediablemente que gobiernos y multinacionales se interesen por controlarlas, e incluso, manipularlas según sus intereses.

Por supuesto que la administración Bush no iba a permanecer de brazos cruzados. El Instituto Estadounidense de Empresa (AEI), junto con la derechista fundación Sociedad Federalista de Estudios sobre Leyes y Políticas Públicas, estrechamente vinculada a la administración norteamericana, lanzaron la organización NGOwatch, que se está encargando de vigilar las actividades de aquellas ONG progresistas o liberales. El AEI, en

Una de las acciones de Greenpeace contra la petrolera Shell en junio de 1995.

su seminario para lanzar NGOwatch, titulado *Las ONG: El creciente poder de unos pocos elegidos*, acusó a estas organizaciones de representar una clara amenaza para el gobierno de Bush, el capitalismo de libre mercado y la política exterior de Washington. *"Las ONG crearon sus propias reglas y ahora quieren que los gobiernos y las empresas se sometan. Dirigentes empresariales y políticos son obligados a responder a la maquinaria mediática de las ONG... El extraordinario crecimiento de las ONG en estados liberales tiene el potencial de socavar la soberanía de las democracias occidentales"*, señalaron los organizadores del seminario, en el que participaron cuarenta y dos altos funcionarios especialistas en política exterior, el ex director de los asesores del Pentágono, Richard Perle, y Lynne Cheney, esposa del vicepresidente de Estados Unidos Dick Cheney.

En realidad el Instituto Estadounidense de Empresa está financiado por las corporaciones más poderosas del planeta. Los miembros de la fundación sólo rinden cuentas ante su junta directiva, que incluye a Motorola, American Express, Mobil y otras multinacionales. En una cena organizada por el AEI, el presidente George Bush declaró que *"en el Instituto Estadounidense de Empresa algunas de las mejores mentes del país trabajan en algunos de los más importantes retos de nuestra nación. Hacen tan buen trabajo, que mi administración ha tomado prestadas a una veintena de estas mentes"*. En otras palabras, el AEI viene a ser algo así como un vivero de asesores del gobierno Bush.

Es curioso, pero a ninguna de estas fundaciones vinculadas a la administración Bush parece importarle otras organizaciones, estas sí supranacionales, y que sin duda toman decisiones vitales para los habitantes de este planeta sin contar con los ciudadanos para nada. Me refiero a organizaciones como el Fondo Monetario Internacional (FMI), el Banco Mundial (BM) y similares, a cuyos directivos nadie ha votado. Pero, eso sí, temen a las actividades que puedan desarrollar organizaciones civiles. En definitiva, temen a la sociedad civil.

Lynne Cheney junto a su marido, el vicepresidente Dick Cheney, y el matrimonio Bush. Lynne forma parte de importantes fundaciones ultraconservadoras.

Por su parte, Andrew Natsios, presidente de la Agencia de los Estados Unidos para el Desarrollo Internacional (USAID), atacó en un discurso a las ONG estadounidenses por no cumplir el papel que la administración requiere de ellas, que no es otro que el de hacer de relaciones públicas del gobierno de Estados Unidos. Natsios dejó muy claro que las ONG deberán convertirse en un futuro próximo en el brazo del gobierno estadounidense en el exterior, de lo contrario amenazó con cortar todo tipo de subvenciones a sus actividades. De hecho, la USAID advirtió a varias ONG con las que ha firmado contratos de ayuda humanitaria que tienen prohibido hablar con los medios de comunicación sin consultar antes con Washington.

La Unión Europea también intentó controlar las actividades de las ONG europeas a través de un comité coordinador, pero al comprobar que esto era imposible decidió disolverlo en el año 2002. Graça Vasconcelos, una de las coordinadoras del comité hasta noviembre de 2001, declaró que *"la Comisión Europea llegó a la conclusión de que si financiaba el comité coordinador, también debía controlarlo, y al no poder hacerlo, porque iba contra los principios de independencia de las ONG, simplemente cortó presupuestos y lo sustituyó por un sistema mucho más pequeño".*

Indigenismo y recursos naturales

A finales del mes de octubre de 1999 las Fuerzas Armadas de Brasil realizaron una serie de espectaculares maniobras a lo largo de la frontera con

Andrew Natsios –justo detrás de Bush–, director de la Agencia Estadounidense para el Desarrollo Internacional –USAID–, declaró públicamente que las ONG norteamericanas deberían convertirse, en un futuro, en el "brazo exterior" de Estados Unidos.

Colombia. Los militares brasileños hicieron una impresionante demostración de fuerza, en principio con el fin de responder a la creciente amenaza de la guerrilla colombiana de las FARC. Sin embargo, los gobiernos de Washington y Londres se pusieron más que nerviosos en cuanto se enteraron de lo sucedido, y es que estas operaciones militares coincidieron en el tiempo con acusaciones concretas vertidas por altos cargos del ejército de Brasil contra Estados Unidos y Gran Bretaña por intentar hacerse con el control de parte del territorio brasileño de la Amazonia a través de las presiones de diversas ONG.

El 13 de octubre de 1999, el general brasileño Luis Gonzala Schröeder Lessa, jefe del Comando Militar del Amazonas, pronunció una conferencia de tres horas en el Club Militar de Río de Janeiro, una de las instituciones militares más influyentes del país. Estaban presentes más de 200 personas, incluidos varios generales de otras regiones militares e importantes representantes de la prensa. El general Lessa repasó la historia y la geografía de la región amazónica, citando varios esfuerzos extranjeros durante los últimos 400 años para arrebatar la región, primero a Portugal y más tarde a Brasil, como prueba de la "codicia extranjera" que se ha desatado en esta área durante siglos. El general explicó como en la actualidad estos intereses extranjeros han hecho uso del indigenismo y el ambientalismo para conseguir sus objetivos. Para ello se sirven, afirmó, de Organizaciones No Gubernamentales que presionan internacionalmente para la creación de reservas indígenas y parques naturales. Lessa presentó un mapa de la región del Amazonas con tres elementos superpuestos: las áreas que se pretenden para los llamados "corredores ecológicos" que unen muchos de los parques naturales de la región, las reservas indígenas –existentes y planeadas–, e importantes yacimientos de minerales de un enorme interés estratégico para los intereses occidentales. La superposición de estas tres áreas no es una casualidad, sugirió el general, sino que sigue una lógica cuidadosamente planeada por determinados intereses financieros internacionales, quienes pretenderían que Brasil no pudiese explotar sus recursos naturales, que finalmente quedarían bajo el control de multinacionales británicas y estadounidenses.

Por su parte, el coronel Amerino Raposo Filho, vicepresidente del Centro Brasileño de Estudios Estratégicos (CEBRES), sostuvo que *"hoy la situación es desoladora, con riesgo de perder la soberanía, invasión territorial e internacionalización de las zonas de la frontera para atender a los intereses extranjeros, necesitamos una acción rápida del gobierno… Varios líderes gubernamentales internacionales quieren imponer el concepto de soberanía limitada en la región del Amazonas. La situación es desastrosa"*.

Apenas un mes después de esta polémica conferencia, los senadores Bernardo Cabral y Gilberto Mestrinho denunciaron en el Congreso Nacional brasileño que los responsables de crear reservas naturales e indígenas sobre importantes yacimientos minerales en el Amazonas brasileño *"tienen su sede en Grandson, Suiza, pero su cabeza pensante está en Londres, con el príncipe Felipe, duque de Edimburgo y el príncipe consorte aliado del ex nazi prínci-*

La región brasileña de Roraima está bajo el paraguas de la llamada Iniciativa del Escudo Guyanés. Según han denunciado varios senadores y militares brasileños, esta iniciativa conservacionista no es más que una estrategia de las grandes multinacionales para hacerse con el control de los recursos naturales de la zona.

pe Bernardo de Holanda, miembros del Club 101". El Bilderberg o Club 101 está formado por algunos de los hombres más poderosos de la Tierra, que al menos una vez al año se reúnen en un lugar del planeta, rodeados de gran secretismo, nadie sabe para qué. Aunque no es muy difícil imaginárselo: llegar a acuerdos económicos, poner en marcha planes futuros, y en definitiva, dirigir el futuro económico del mundo. Mestrinho afirmó: *"Mientras que el mundo se preocupa por el narcotráfico, se preocupa por las consecuencias del veneno, que, esparcido por todo el mundo, destroza nuestra juventud y crea problemas difíciles de resolver, el Amazonas queda vulnerable. Puede ser presa mañana, y nuestra juventud, nuestros indios, podrán ser usados para crear un centro de producción para el mundo... Aquí podemos, por lo menos, protestar, alzar nuestras voces, denunciar y mostrar que, de continuar así, tendremos que establecer una comisión parlamentaria de investigación para que investigue las ONG que funcionan en Brasil. Si verificamos cuántas ONG defienden a los indios de Brasil, vamos a quedar asombrados, pues hay más ONG defendiendo a los indios que indios mismos. Hay, por ejemplo, 320 ONG que defienden la Amazonia. Lo único que no se sabe es de dónde viene eso. Ésta es la dolorosa realidad... Este complot en relación a la Amazonia existe desde hace mucho tiempo, desde la época en que se peleaba por el 'Escudo Guyana'. Sus excelencias recordarán que el propio Amapá fue invadido y que se sacó a los portugueses del territorio brasileño. Aquel 'Escudo Guyana' que está compuesto por la Guyana Francesa, Surinam, la antigua Guyana inglesa —que hoy es la República de la Guyana—, parte de Venezuela —que es esa región en reclamación entre Venezuela y Colombia—, y hoy el estado (brasileño) de Roraima, despierta el apetito de ese conglomerado de banqueros y de controladores del petróleo y del mercado maderero, que desde hace mucho dominan el mundo y llevan una constante embestida contra la Amazonia mediante la difusión de noticias falsas"*.

Efectivamente, el estado de Roraima forma parte del territorio del que se ocupa un programa en teoría para la protección de la flora y la fauna llamado Iniciativa del Escudo Guyanés, que según fuentes del ejército brasileño y algunos senadores del país no es más que un complot de la oligarquía económica de Occidente para acceder a los ricos recursos naturales de la zona. La periodista brasileña Nilder Costa escribió lo siguiente sobre las operaciones de la inteligencia británica desde el siglo XIX para obtener el control de la región: *"En el siglo pasado –siglo XIX– las operaciones de la inteligencia británica que tenían como intención conquistar la Isla Guyana* –zona delimitada por los ríos Orinoco, Casicare, Negro y Amazonas, en cuyo centro se encuentra Roraima– *resultaron en la pérdida de territorio brasileño para la entonces Guyana inglesa. La operación fue planeada y puesta en práctica por lord Palmerson, quien en 1837 mandó a la Guyana a su agente Robert Schomburgk bajo los auspicios de la Royal Geographic Society, entidad creada y dirigida por la inteligencia militar británica. Schomburgk hizo el trabajo de campo para que los*

Roraima posee una naturaleza exuberante y grandes yacimientos de minerales.

territorios habitados por tribus independientes fuesen primero neutralizados para que después se les asimilara, precedente histórico minuciosamente documentado. Como consecuencia, Brasil perdió 15.000 kilómetros cuadrados para beneficio de Inglaterra, y así el sueño del pirata Raleigh se cumplió en parte. Raleigh y el alemán Schomburgk recibieron el título de Sir por los servicios prestados a la Corona Británica. Cuando el antropólogo inglés Robin Hanbury-Tenisson realizó un viaje exploratorio a Roraima en 1971, pocos pudieron percibir que su misión era reunir los elementos necesarios sobre tribus indígenas locales para reactivar la geopolítica británica para la región, de la misma forma que lo hizo su colega Schomburgk 134 años antes, en 1837. La consecuencia de ello fue la creación de la gigantesca reserva Yanomami, decidida personalmente por el príncipe Felipe en el palacio de Buckingham, después de oír el relato de los viajes de Hanbury-Tenisson".

Después de que Perú y Ecuador arreglaran sus disputas fronterizas, en octubre de 1998, hizo su aparición un movimiento separatista en el departamento peruano de Loreto, una zona rica en petróleo y otros recursos. Según pudo averiguar el periodista Manuel Hidalgo diversas ONG británicas que trabajaban en la región, junto a algunos grupos de la izquierda radical, lograron impedir en los años 80 que la petrolera estatal Petroperú explotara los recursos naturales del lugar, bajo la justificación de que atentaba contra la flora y la fauna. Sin embargo, a principios de los 90 otras empresas occidentales como la Royal Dutch Shell, Arco u Occidental no encontraron ningún obstáculo para desarrollar su labor.

Cerca de Loreto, en la cordillera del Cóndor, se creó un parque nacional que ocupa territorios de Perú y Ecuador. Según el periodista Manuel Hidalgo *"el parque binacional establecido en la cordillera del Cóndor empieza a borrar la frontera, por lo que el inmenso territorio, vacío de población pero lleno de petróleo y otros recursos, quedará en manos británicas, administrado por la Royal Dutch Shell, la WWF, etc. Muchos lotes petroleros de exploración y explotación se alinean a lo largo de la frontera con Ecuador, adyacentes a ella. La misma situación se repite en el lado ecuatoriano, y se pueden notar los lotes de las angloamericanas Arco y Occidental en ambos países prácticamente colindantes. ¿Habrá también lotes petroleros transfronterizos? Además de Arco y Occidental, las petroleras BHP (Australia), Elf (Francia), Murphy (Estados Unidos) y YPF (Argentina) operan en ambos países. Además, los oleoductos de ambas naciones —vía una interconexión franqueada por el Acuerdo (firma de la paz entre Perú y Ecuador, tras varias disputas fronterizas)— se podrán usar indistintamente por las petroleras ubicadas a cada lado de la frontera".*

El Ejército "humanitario" del tío Sam

Debido a la guerra de las Malvinas y sobre todo al acuciante problema de la deuda externa, a la que no podían hacer frente las naciones latinoamericanas, los intereses estratégicos angloamericanos se movieron rápido para obtener una situación de predomino claro en América Latina. Para ello crearon a principios de los 80 una organización llamada Diálogo Interamericano (DI). Esta organización nace como consecuencia de la celebración de tres seminarios, en los meses de junio, julio y agosto de

1982, sobre las repercusiones de la guerra de las Malvinas para las relaciones entre los países americanos. A la fundación de DI acudió lo "mejorcito" del *stablishment* liberal norteamericano. Dominaban el grupo algunos miembros de la Comisión Trilateral –que agrupa a importantes empresarios y presidentes de multinacionales de Estados Unidos, Europa y Japón– como David Rockefeller, Robert McNamara, Cyrus Vance o Elliot Richardson. Representaban a los bancos Donald Platten –presidente de Chemical Bank–, Nicolás Ardito Barletta –vicepresidente del Banco Mundial–, y altos ejecutivos de Marine Midland, First Boston International, Bank of America, Morgan Guaranty y otros. Estos seminarios estaban financiados y organizados por el Centro Académico Woodrow Wilson, en apariencia un instituto de estudios sociales privado, pero en realidad dependiente directamente del gobierno de Estados Unidos. No en vano fue creado en 1968 por el Congreso estadounidense. Lo gobierna una junta compuesta por ocho funcionarios estadounidenses, entre ellos el secretario de Estado, y once miembros del sector privado, pero nombrados por el gobierno. Entre ellos, a principios de los 80, se encontraban importantes figuras financieras como John Reed –presidente del Citybank–, Dwayne O. Andreas –presidente del gigante cartel del grano Archer Daniels Midland–, o Max Kampelman –presidente honorario del conocido "lobby" sionista Liga Antidifamación–.

De octubre a marzo de 1983, el centro Woodrow Wilson organizó una serie de reuniones del DI, en el que 48 delegados de Iberoamérica y Estados Unidos debatieron sobre el futuro del continente. A estas reuniones acudieron importantes representantes norteamericanos como el entonces secretario de Estado, George Shultz, y el subsecretario de Estado para Asuntos Interamericanos, Thomas Enders.

La finalidad de todo el andamiaje de DI consistió en última instancia en el control de las actividades políticas, financieras y militares de los países latinoamericanos. En realidad las propuestas y planes de DI provienen de un conjunto de medidas, principalmente económicas, conocidas con el nombre de Proyecto Democracia. Medidas, por cierto, que fueron tomadas como la política oficial del presidente Ronald Reagan, tal como anunció en un discurso ante el Parlamento británico el 8 de junio de 1982.

Pero esta no era una política novedosa, la idea había nacido en los años 70 entre los mismos que pusieron en marcha Diálogo Interamericano: La Comisión Trilateral. Las tesis del Proyecto Democracia ya se habían esbozado en el informe final del "Grupo de trabajo sobre gobernabilidad de las democracias", elaborado por la Comisión Trilateral en 1975. Los analistas de la Comisión auguraban unos años de graves problemas económicos, lo que según el informe acarrearía inestabilidad política en todo el mundo. Este fue, ni más ni menos, el encargo que recibió el Proyecto Democracia: Organizar toda una serie de redes de influencia transnacionales que pudiesen controlar el "nuevo orden mundial" previsto por los angloamericanos. Para lograr este fin, Proyecto Democracia prestó todo su apoyo al National Endowment Democracy (NED), una organización no gubernamental que curiosamente fue creada por el Congreso de Estados Unidos. El NED tiene la misión de centralizar todo el despliegue de las organizaciones no gubernamentales, bajo las órdenes que imponga en cada momento el gobierno estadounidense. La propuesta que se presentó al Congreso para crear el NED definía claramente que esta organización debía servir de *"estructura amplia para los esfuerzos no gubernamentales a través de la cual se puedan movilizar efectivamente los recursos de los variados intereses de Estados Unidos"*.

El NED recibe fondos del propio gobierno y de todo tipo de fundaciones íntimamente conectadas a los grandes intereses oligárquicos estadounidenses. Bajo la consigna de "fortalecer las instituciones de la democracia", el NED se puso a financiar por toda Latinoamérica a partidos políticos, medios de comunicación, centros de estudios, etc. La única condición era que los receptores de las ayudas estuviesen de acuerdo con las máximas del Proyecto Democracia, es decir, aceptar las normas impuestas por el Fondo Monetario Internacional (FMI) a los países sudamericanos y la ideología emanada del "nuevo orden mundial" capitalista. Henry Kissinger, el odiado ex secretario de Estado, siempre metido hasta el cuello en todo tipo de conspiraciones e intereses financieros, formó parte desde un principio de la junta directiva del NED.

"Aquel que no vea que en la Tierra se está llevando a cabo una gran empresa, un importante plan en cuya realización nos es permitido actuar sólo como siervos fieles, tiene que estar realmente ciego".

SIR WINSTON CHURCHILL.
Primer Ministro británico en los periodos 1940-1945 y 1951-1955

CAPÍTULO 5

El secreto del movimiento antiglobalización

Cómo poderes económicos mundiales y servicios secretos manipulan a los nuevos revolucionarios

SON LA PRINCIPAL OPOSICIÓN al capitalismo brutal que se está imponiendo en el mundo. Luchan contra las injusticias sociales y económicas del proceso de globalización. Tienen sus líderes, ideólogos y una dirección internacional... Sin embargo, bajo la superficie de este importante movimiento social se oculta una maraña de intereses que apuntan directamente a los poderes contra los que aparentemente se enfrentan.

LOS MIEMBROS DEL EQUIPO DEL PROGRAMA *MILENIO*, de la Radio Autonómica Galega, estaban expectantes ante la llegada del invitado de esa noche. Un servidor, reportero de dicho programa, entraba a los estudios de la emisora con un agente del servicio secreto español (CNI) que había estado infiltrado durante casi dos años en el movimiento antiglobalización. Bernardo, nombre supuesto, nos habló durante una hora, con la voz convenientemente distorsionada y midiendo al milímetro todas sus palabras, de los entresijos del movimiento.

Al finalizar la grabación el agente impuso la condición innegociable de que siguiéramos charlando sobre el tema al tiempo que bebíamos algo, lo que sucedió durante varias horas ante unos cafés bien cargados. El agente del CNI, versado en el proceloso mundo de la inteligencia, me confesó que no tenía en su poder todas las piezas del rompecabezas, pero sí me aseguró que *"detrás de este movimiento, que está muy bien organizado, existen diferentes intereses de multinacionales, servicios secretos y partidos políticos, en ocasiones contrapuestos. Siempre sucede lo mismo, cuando aparece un influyente movimiento social todo el mundo intenta instrumentalizarlo en su propio beneficio".*

Bernardo se tomó el café de un sorbo, me miró fijamente, esbozó una leve sonrisa y continuó: *"Mira, te puedo decir que detectamos elementos de la inteligencia cubana detrás de algunos importantes grupos antiglobalizadores con la intención de desestabilizar a determinados intereses financieros. Pero es que el propio servicio de inteligencia español, en ocasiones, ordenó a sus infiltrados que fomentasen a los grupos más violentos para montar gresca en las calles. Esto que puede parecer un contrasentido no lo es, porque de este modo conseguíamos deslegitimar al movimiento enviando a la sociedad el mensaje de que los antiglobalizadores eran todos una panda de radicales, terroristas y melenudos que sólo pretendían montar follón".*

El agente hizo una breve pausa en su exposición y continuó: *"Lo que te he dicho me lleva a preguntarme hasta qué punto el movimiento antiglobalización no está siendo controlado desde un principio por grandes fuerzas financieras cuya intención es precisamente reforzar las medidas de seguridad para controlar a los líderes antisistema y deslegitimar toda oposición intelectual al sistema neoliberal e hipercapitalista hacía el que se dirige el mundo de cabeza. Dicho de otro modo, la vieja táctica acción-reacción. Cuanto más radicales y violentos sean los antiglobalizadores,*

mayores medidas de seguridad, tanto policiales como judiciales o legislativas, se lle-
varán a cabo para controlar a los miembros de este movimiento. Además, así se con-
sigue que las propuestas verdaderamente interesantes que se oponen al neoliberalis-
mo queden en un tercer o un cuarto plano". Mi interlocutor ya había perdido
toda la precaución y mesura que horas antes había mostrado ante el micró-
fono. *"¡Si es que las propuestas que proponen para luchar contra la especulación*
financiera son ridículas, joder! ¡Ni que las hubiera redactado el Banco Mundial…!
Quieren poner una tasa o impuesto, que llaman tasa Tobin, para gravar el flujo de
capitales, pero lo que hay que hacer es crear un nuevo sistema financiero para aca-
bar con ese flujo especulativo de capitales, porque es que de la mayoría ni nos ente-
ramos. Además, en el fondo, los líderes del movimiento tampoco están en contra de
la globalización, sino que ellos proponen una globalización alternativa, pero al igual
que los grandes intereses financieros creen que deben desaparecer los estados-nación.
¡Pero si actualmente la única forma de luchar contra el neoliberalismo es reforzando
los controles políticos y financieros de los estados para evitar que las multinacionales
dicten las normas económicas de los países! Todo esto me lleva a pensar que tras este
movimiento se esconden una serie de intereses inconfesables…".

Multimillonarios en el movimiento antiglobalización

EL MOVIMIENTO ANTIGLOBALIZACIÓN hizo su primera gran aparición pública en las masivas manifestaciones que tuvieron lugar en el centro financiero de Londres el 1 de mayo de 1999. En noviembre de ese mismo año, los
antiglobalizadores protagonizaron violentas manifestaciones en Seattle
(Estados Unidos) con motivo de la reunión en esta ciudad de los miembros de la Organización Mundial del Comercio (OMC). Después de nuevas concentraciones, en ocasiones extremadamente violentas, el punto
álgido de las protestas se desarrolló en Génova (Italia), en el mes de julio
de 2001, durante la reunión del grupo del G-8, las ocho naciones más
industrializadas del planeta.

Los líderes de este movimiento decidieron organizar y centralizar las
acciones y dirección del hasta entonces no muy cohesionado movimiento
con la puesta en marcha del Foro Social Mundial (FSM), una reunión cele-

Revueltas de noviembre de 1999 en Seattle. Miles de miembros del movimiento antiglobalización protestaron durante la reunión de la Organización Mundial del Comercio (OMC) en dicha ciudad norteamericana.

brada del 25 al 30 de enero de 2001 en la ciudad brasileña de Porto Alegre. Con la participación de miles de personas de diferentes grupos sociales y de "delegados" de 122 países, el FSM se marcó la prioridad de crear una dirección internacional. En el fondo supuso una reorganización de las fuerzas izquierdistas, anarquistas, comunistas y revolucionarias que se habían quedado "huérfanas" tras la caída del muro de Berlín y la desaparición de la URSS. A Porto Alegre llegaron comitivas de la guerrilla colombiana de las FARC, del gobierno de Fidel Castro, del Ejército Zapatista de Liberación Nacional (EZLN) del "subcomandante" Marcos, del Partido de los trabajadores (PT) de Brasil –actualmente en el gobierno–, del grupo terrorista ETA, de organizaciones venezolanas defensoras de la revolución bolivariana del comandante Hugo Chávez, representantes del periódico abanderado del movimiento antiglobalización *Le Monde Diplomatique*, etc.

Uno de los líderes del Foro, Bernard Cassen, es el autor de la idea de la famosa tasa Tobin a la que se refería Bernardo, el agente del CNI, además de fundador de uno de los movimientos más conocidos del movimiento: ATAAC (Acción por la Tributación de las Operaciones Financieras en Apoyo de los Ciudadanos).

Sin embargo, *Le Monde Diplomatique*, el principal apoyo mediático de los antiglobalizadores, también depende económicamente de importantes intereses financieros. En este sentido, la revista de inteligencia *EIR* afirma:

En la reunión del G-8 –las ocho naciones más industrializadas del planeta– en Génova también se produjeron masivas revueltas. Uno de los agitadores, Carlo Giuliani, falleció durante los enfrentamientos con la Policía. En las imágenes se aprecia la secuencia de su muerte a causa de un disparo efectuado por uno de los policías desde el interior del automóvil.

"Le Monde Diplomatique', la gran tribuna publicitaria de Bernard Cassen, es por sí misma una conjunción de intereses financieros globalizados, como se puede ver por su lista de propietarios. Uno de ellos, Marc Ladriet de Lacharriere, director del conglomerado Fimalac, fue una pieza clave en la reestructuración de 'Le Monde' de 1994 a 1996, que le dio un nuevo status semiautónomo a 'Le Monde Diplomatique'. De Lacharriere está asociado al recién nombrado director de 'Le Monde', Jean Marie Colombani, que comenzó su carrera periodística siendo un derechista intransigente en el periódico de asuntos geopolíticos 'Spectacle du Monde', cuando éste era propiedad de Filmac. Hoy Colombani supervisa el trabajo de Cassen y 'Le Monde Diplomatique'. Con gruesos créditos de Credit Lyonaise, De Lecharriere colocó a Filmac en la economía financiera virtual adquiriendo agencias de clasificación de crédito británicas y estadounidenses, transformándola en la tercera del floreciente mercado financiero de los Estados Unidos".

Además, el movimiento antiglobalización tiene entre sus mayores financieros y apologistas al mayor especulador financiero de la historia, el conocido George Soros, y a una multimillonaria familia, los Goldsmith. Tanto Soros como los Goldsmith, como veremos más adelante, están estrechamente ligados a la familia Rothschild en una serie de negocios que nada tienen que ver con el carácter humanitario y antineoliberal que intentan mostrar con su apoyo al Foro Social Mundial (FSM). Soros se prestó a una especie de diálogos entre el Foro Mundial de Davos—reunión de los mayores financieros internacionales— que él representaba y los líderes del FSM Joao Pedro Stedile y Bernard Cassen. Esto provocó algunas curiosas declaraciones, como las de José Ramos Horta, líder de Timor Oriental, nación independizada recientemente de Indonesia. Horta pidió en una entrevista concedida al periódico italiano *Corriere della Sera* que los miembros del FSM se unieran *"a los Robin Hood de los tiempos modernos, George Soros, Bill Gates y el presidente del Banco Mundial"*. Declaraciones de este tipo propagan la leyenda de que Soros arremete contra la economía de las naciones occidentales mediante sus planes especulativos para luego financiar a diversas organizaciones de defensa de los derechos humanos y a movimientos antiglobalizadores. La realidad es muy diferente, Soros es el principal responsable de la quiebra financiera de Rusia y otras naciones del este de Europa, con el consiguiente aumento del paro, el hambre, las enfermedades y las mafias.

Según publicó en su día el *Jornal do Brasil*, George Soros mantiene desde hace años un canal abierto de diálogo con el Partido de los Trabajadores (PT) a través del presidente del Banco Central de Brasil Arminio Fraga, antiguo empleado de Soros, y el ex gobernador Cristovao Buarque. El acuerdo sería que Buarque participaría en uno de los proyectos humanitarios que desarrolla Soros a cambio de mantener a Arminio Fraga en el banco central en caso de que el PT ganara las elecciones presidenciales. Como parte de estas negociaciones los líderes del FSM anunciaron a bombo y platillo que Soros participaría en la segunda reunión del FSM en Porto Alegre, en el año 2002.

El punto álgido de las protestas antiglobalización tuvo lugar en julio de 2001 en la ciudad italiana de Génova.

Otros de los patrocinadores de los antiglobalizadores, los Goldsmith, han financiado con miles de millones de dólares a organizaciones pertenecientes al movimiento. Teddy Goldsmith, por ejemplo, fue el fundador de la revista *The Ecologist*, en cuyas páginas escriben algunos de los líderes de la antiglobalización. En una entrevista concedida a una revista brasileña en el año 1991, James Goldsmith reconocía que con las donaciones a organizaciones sociales *"no pretendemos dispersar esfuerzos apoyando todo y nada al mismo tiempo. Tengo experiencia en los negocios; en consecuencia juzgaré las acciones por los resultados y no por la buena publicidad".*

Los Goldsmith, al igual que George Soros, tienen sus propias ONG antiglobalistas como el llamado Foro Internacional sobre Globalización (IFG), que es una de las fuerzas centrales en la organización de las actividades del Foro Social Mundial (FSM).

En la multitudinaria manifestación antiglobalista de Génova, Tarso Genro, presidente municipal de Porto Alegre y miembro del Partido de los Trabajadores, fue el encargado por el FSM de entregar una carta a los representantes del G-8 reunidos en la ciudad. Al terminar las manifestaciones, Genro acudió a una cena privada con Teddy Goldsmith en su lujoso castillo de Siena.

La violencia represiva cobró protagonismo en la manifestación antiglobalista en Génova.

Curiosamente los financieros de los grupos antiglobalización coinciden con globalizadores en su desprecio a los estados-nación, tal como me había comentado Bernardo, el agente del CNI. En este sentido, Paul, hermano y socio de George Soros, declaró en varias ocasiones que jamás habría garantías para los inversionistas extranjeros mientras existan fuertes estructuras de los estados. Por su parte, Teddy Goldsmith, quien vivió muchos años en México, afirmaba que en un futuro el país se dividiría en tres partes, cada una de las cuales tendría una moneda propia, por lo que México se convertiría en una especie de "entidad subnacional". Tiempo después aparecería en escena el Ejército Zapatista de Liberación Nacional (EZLN), en la región mexicana de Chiapas. Uno de los hombres de Teddy

Goldsmith en el país azteca, Gustavo Esteva, un ex maoísta radical, se convertiría en asesor oficial del EZLN y colaborador de la revista *The Ecologist*.

Los que mueven los hilos

GEORGE SOROS ESTUDIÓ EN LA PRESTIGIOSA ESCUELA DE ECONOMÍA de Londres y, como muchos otros de sus compañeros, a mediados de los años 50 llegó a Estados Unidos para trabajar en la bolsa de Wall Street. Su carrera transitó por la senda de la discreción hasta el año 1969, cuando consiguió un éxito notorio con sus artes especulativas, obteniendo cuantiosos beneficios. Gracias a estos capitales fundó Quantum Found, empresa que opera desde el paraíso fiscal de las Antillas holandesas y que se dedica a dar cabida a toda una serie de capitales especulativos. Con el tiempo, la empresa inversionista de Soros se transformaría en una de las más

Concentraciones de protesta contra la globalización capitalista durante la celebración del Foro Social Mundial (FSM) en la ciudad brasileña de Porto Alegre. El FSM es el órgano de dirección del movimiento antiglobalización.

importantes del mundo, siempre actuando bajo el lema preferido del fundador del Quantum Found: *"Lo que crean los especuladores será más importante que la realidad de la economía"*. Actualmente Soros ha delegado en sus altos ejecutivos la marcha de su compañía con el fin de centrarse exclusivamente en las grandes operaciones.

El inteligente especulador se ha hecho conocido por sus ataques a las divisas de diferentes países. Y es que cuando Soros estornuda, los bancos centrales del mundo se resfrían. Por ejemplo, en el mes de septiembre de 1993 consiguió poner de rodillas al mismísimo Banco de Inglaterra. Según los cálculos más conservadores, el especulador obtuvo en esta operación unos beneficios de 10.000 millones de dólares, cantidad que durante años tuvieron que pagar religiosamente los contribuyentes británicos.

Bernard Cassen, uno de los líderes del FSM.

Muchos corredores de bolsa se preguntan a que se debe su "buena estrella" en los negocios especulativos. La respuesta para algunos periodistas independientes que han investigado al mayor especulador de la Tierra es que Soros es el "hombre de paja" de la banca Rothschild para sus operaciones financieras más secretas. No hace falta más que echar un vistazo a las más prestigiosas personalidades que figuran como miembros del Quantum Found para llegar a esa conclusión. Así, Richard Katz, además de pertenecer a la empresa de Soros, es el presidente de Rothschild Italia

S.p.A. de Milán y tiene un puesto en el banco londinense N. M. Rothschild & Sons. Otro miembro de Quantum Found, Nils O. Taube, es socio de un grupo de inversores londinenses llamado St. James Place Capital, que cuenta entre sus socios mayoritarios con Lord Rothschild.

Curiosamente uno de los colaboradores más cercanos de Soros en sus embestidas especulativas es sir James Goldsmith, otro de los grandes apoyos de los antiglobalizadores. En la dirección del Quantum Found también nos encontramos a los gerentes de algunos bancos privados suizos altamente discretos, es decir, que se ocupan de ocultar fortunas de dudosa, por no decir delictiva procedencia.

George Soros, multimillonario especulador financiero y, según algunas informaciones, uno de los "controladores" en la sombra del movimiento antiglobalización. Según la revista de inteligencia *EIR*, Soros es un hombre de paja de la banca internacional.

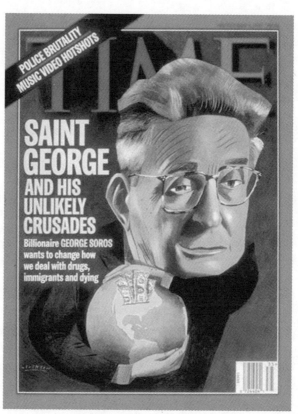

El periodista William Engdahl, autor del libro *¿Qué se oculta tras las guerras de divisas de George Soros?*, afirma en el mismo lo siguiente: *"La relación de George Soros con los ultrasecretos círculos finacieros internacionales de los Rothschild no es una vinculación común ni casual. El más que extraordinario éxito de Soros como especulador de los mercados financieros del más alto riesgo no se puede definir simplemente como suerte de jugador. Soros tiene acceso a la pista de los 'insider', uno de los canales de información estatal y privada más importante del mundo. Desde la II Guerra Mundial la familia Rothschild se ha empeinado en crearse públicamente un aura de intrascendencia. Sin embargo, tras esa modesta máscara se*

**Logotipo del Foro Internacional sobre Globalización
(IFG), una de las fundaciones
antiglobalistas de la multimillonaria familia
Goldsmith, importantes financieros de la
revolución antiglobalista. Los Goldsmith
también mantienen intereses con
la gran banca internacional.**

esconde una de las organizaciones financieras más poderosas e inextricables del mundo. Los Rothschild prodigaron grandes sumas con objeto de crearse una imagen de familia noble, acomodada pero retraída, en la que uno ama los vinos franceses, otro se ocupa de los clubes de beneficencia, etc. Entre los conocedores de la city londinense, N. M. Rothschild es una de las personas más influyentes de esa facción del servicio secreto del stablishment británico ligada al ala neoliberal thatcheriana del partido Tory. En los años 80, N. M. Rothschild & Sons ganó sumas gigantescas con

la privatización de empresas fiscales británicas con valores de varios cientos de millo-
nes de dólares, ejecutadas por la señora Thatcher. Por lo demás, el banco Rothschild
se halla en el centro del mercado mundial de oro. En este banco fijan dos veces al día
el precio internacional del oro los cinco bancos especializados en oro de mayor rele-
vancia. Pero el N. M. Rothschilds & Sons también está envuelto en algunas de las
más sucias operaciones del servicio secreto, las que podrían llamarse de armas versus
drogas. Gracias a sus buenos contactos dentro de los más altos puestos del servicio
secreto del stablishment británico obtuvieron que no hubiera ninguna mención sobre
su complicidad con una de las más peligrosamente ilegales redes del servicio secreto:
la del BCCI (Bank of Credit and Commerce International). En realidad el Banco
Rothschild formaba parte del núcleo central de esa maraña de bancos lavadores de
dinero de la CIA y el MI6, que durante los años 70 y 80 financiaron proyectos de
la CIA como el de los contras en Nicaragua".

La conexión con la trama financiera del 11-S

EL NOMBRE DEL BCCI SALIÓ A RELUCIR en multitud de reportajes periodísticos sobre las operaciones secretas de la CIA. En su momento el entonces fiscal de Nueva York Henry Morgenthau puso una querella contra el
banco. Morgenthau culpó al BCCI *"de la mayor estafa bancaria de la historia*
mundial de las finanzas. El BCCI actuó durante sus 19 años de vida como una aso-
ciación criminal". Según el periodista William Engdahl, la gigantesca maraña del BCCI estaba ligada al grupo Rothschild. El personaje clave de estos
negocios en opinión del periodista alemán era el Dr. Alfred Hartman,
gerente comercial de la filial suiza del BCCI, del Rothschild Bank AG de
Zurcí, y miembro del directorio del N. M. Rothschild & Sons.

El nombre del BCCI también salió a colación últimamente a raíz de los
atentados del 11-S. No en vano era el banco principal con el que trabajaba el Bin Laden Group, el emporio económico y empresarial de la familia
del multimillonario terrorista Osama Bin Laden. Familia, por cierto, que
como ya ha sido publicado hasta la saciedad hizo grandes negocios con
George Bush padre y también con su hijo y actual presidente de Estados
Unidos. Sorprendentemente, uno de los miembros del clan Bin Laden,

Khaled Bin Mahfouz, participó en negocios con George Bush hijo, además de ser uno de los dueños del BCCI. Tras la desaparición del corrupto banco, Bin Mahfouz aportó sus recursos económicos a la sociedad inversionista Carlyle, a la cual pertenecen ex presidentes y altos cargos de la administración estadounidense. Actualmente el grupo Carlyle, que en cierto modo vino a sustituir la función que desempeñaba el BCCI, controla buena parte de la fortuna del clan Bin Laden. Teniendo esto presente, sorprende enormemente la lista de dirigentes del grupo Carlyle: George Bush padre; John Major –ex primer ministro británico–, Ferdinand Marcos –ex dictador filipino–, Frank C. Carlucci –ex secretario de defensa de Estados Unidos–, James A. Baker –ex secretario del estado norteamericano–, etc.

Si lo anterior puede parecer sorprendente, más lo es que algunos antiguos dirigentes del gobierno estadounidense supiesen que se iban producir los atentados del 11-S antes de que tuviesen lugar. Lo cierto es que el 10 de septiembre se realizaron una serie de operaciones sobre las empresas que resultarían más perjudicadas tras el ataque terrorista –determinadas compañías de seguros, empresas domiciliadas en las torres, compañías aéreas cuyos aviones fueron secuestrados, etc.– en la bolsa de valores norteamericana. Estas operaciones especulativas, conocidas con el nombre de "opciones de venta", reportaron increíbles ganancias a un grupo de "iniciados", es decir, a individuos que sabrían que al día siguiente se produciría un gran atentado. El periodista de investigación Bruno Cardeñosa, autor de *11-S. Historia de una infamia*, una obra de referencia sobre la conspiración que se oculta tras los atentados de Nueva York, escribe lo siguiente sobre esta cuestión: *"Al principio se anunció la sospecha de que Bin Laden había tenido el cinismo suficiente como para especular con la atrocidad que iba a cometer. Pero la verdad resultó más siniestra. La búsqueda de los iniciados fracasó. Al parecer, todos los contratos de opciones de venta fueron efectuados por un método gracias al cual la entidad financiera que realiza las transacciones garantiza el anonimato de compradores y vendedores. Eso sí, se averiguó que la que había gestionado los movimientos era Alex Brown, filial estadounidense del Deutsche Bank, que estaba gobernada hasta hace poco por Buzzy Krongard, actual número tres de la*

CIA. Además, Alex Brown tiene vínculos con una corporación mercantil, Carlyle Group, cuyo director ejecutivo es Frank Carlucci, ex secretario de estado de Defensa, e íntimo de Donald Rumsfeld, que hoy ocupa el mismo cargo".

Especulador financiero, defensor de los derechos humanos y creador de pobreza

LAS CAUSAS HUMANITARIAS Y SOCIALES DEFENDIDAS POR GEORGE SOROS contrastan con sus métodos para obtener dinero mediante ataques especulativos a las divisas de diversas naciones, lo cual genera siempre pobreza para sus ciudadanos. En 1993 Soros inició el asalto al sistema cambiario europeo a través de uno de sus bancos: Citicorp, el banco más grande de Estados Unidos. Soros atacó principalmente al marco alemán con la intención de que fracasara la reunificación alemana, algo que consiguió en parte. En 1989, año en el que se firmó la reunificación alemana, un alto ejecutivo de Citicorp declaró: *"La unidad alemana será catastrófica para nuestros intereses. Debemos tomar medidas para provocar una caída segura del marco en un 30%, a fin de que Alemania no pueda reconstruir su sector oriental…".*

El famoso especulador financiero también fue el responsable, junto al Fondo Monetario Internacional (FMI), de imponer la llamada "terapia económica de shock" en Polonia. Soros reconoció que sabía que la puesta en marcha de este plan acarrearía el cierre de fábricas, desempleo y graves tensiones sociales. Esta misma "terapia económica" fue la que Soros y su colaborador, el economista de Harvard Jeffrey Sachs, pusieron en práctica en Rusia con el apoyo de los miembros del antiguo *stablishment* comunista, quienes con la llegada del capitalismo salvaje se convirtieron en multimillonarios empresarios y mafiosos. Sachs llegó a afirmar en el momento en que se estaban poniendo en marcha sus "reformas" que *los desequilibrios en Rusia se acabarán sólo cuando millones de obreros y trabajadores de los sectores industriales pesados dejen sus trabajos habituales y se metan a trabajar en lo que la sociedad realmente necesita".* El resultado de las reformas económicas de Sachs y Soros en Rusia saltan a la vista: Miseria, hambre e injusticia social.

Jeffrey Sachs, importante economista del Fondo Monetario Internacional (FMI) y colaborador de Soros. Las políticas económicas llevadas a cabo por Sachs bajo la tutela del FMI llevaron a varios países a la quiebra, lo que supuso la entrada de intereses financieros extranjeros.

Antonio Negri: el Marx del siglo XXI

CATALOGADO POR MUCHOS COMO EL NUEVO "Manifiesto comunista", el intelectual italiano Antonio "Toni" Negri y el norteamericano Michael Hardt escribieron *Imperio*, una obra llamada a sentar las bases ideológicas de la red antiglobalista mundial. Sin duda uno de sus principales propagandistas ha sido, como no, *Le Monde Diplomatique*, en donde Negri también ha escrito varios artículos.

Editado nada más y nada menos que por la prestigiosa universidad estadounidense de Harvard, en *Imperio* leemos: *"Insistimos en afirmar que la construcción del Imperio es un paso adelante, en el sentido de dejar atrás cualquier nostalgia de estructuras de poder que lo preceden y rechazar cualquier estrategia política que implique el regreso a los viejos acuerdos, como por ejemplo intentar resucitar el estado nacional en busca de protección contra el capitalismo global. Sostenemos* que el Imperio es mejor, de la misma forma que Marx insistía en que el capitalismo es mejor que las formas de sociedad y modos de producción que lo precedieron. De la misma forma podemos ver hoy que el Imperio se deshace de los crueles regímenes de poder moderno y aumenta el potencial de liberación".

Toni Negri, uno de los principales ideólogos de la antiglobalización, también llamado el Marx del siglo XXI.

En realidad podemos afirmar que las tesis de los autores de *Imperio* se complementan perfectamente con las del profesor de Harvard Samuel Huntington, creador de la tesis del "choque de civilizaciones" para referirse al inevitable enfrentamiento que se producirá, cada vez con mayor visibilidad, entre el occidente cristiano y racional y el oriente islámico e irracional. Huntington en el fondo lo que intenta es justificar las guerras imperiales que los planificadores de la política exterior de Estados Unidos pretenden llevar por todo el planeta, principalmente en Oriente Medio, como ya sucedió con las guerras de Afganistán e Irak. Negri y Hardt tienen la misma visión pero desde un ángulo izquierdista, sustituyendo el "choque de civilizaciones" de Huntington por el "choque de movimientos globalizadores", porque si hay una característica que distinga a los líderes de la antiglobalización es precisamente que no son contrarios a la globalización. En todo caso estarían en contra del actual proceso de globalización capitalista, oponiendo un ambiguo planteamiento globalista alternativo.

Antonio Negri se dio a conocer para las Fuerzas de Seguridad italianas en 1963, cuando fundó un grupo radical maoísta llamado Potere Operario Veneto-Emiliano, que terminó convertido en el grupo Autonomia Operaria, de donde proceden los grupos anarquistas más radicales que se enfrentaron a la Policía en los disturbios de Génova en el año 2001. En 1979 Negri fue detenido por ser uno de los ideólogos del grupo terrorista italiano de las Brigadas Rojas y estar implicado en el asesinato del primer ministro italiano Aldo Moro. En el curso de las investigaciones por este crimen, los jueces italianos llegaron a la conclusión de que las Brigadas Rojas eran controladas por los servicios de inteligencia italianos y norteamericanos a través de una organización secreta estructurada como una logia masónica y conocida con el nombre Propaganda 2 (P-2), a la que pertenecían grandes financieros, políticos, jueces, militares y jefes de los servicios de inteligencia. No es momento de centrarnos en los entresijos del affaire P-2, lo dejaremos para el capítulo de este libro dedicado íntegramente a los secretos del terrorismo internacional.

Lo cierto es que dos de los fiscales encargados de investigar el "caso Moro", Rosario Priore y Ferdinando Imposimato, al igual que el ex director de la inteligencia militar italiana Fulvio Martini, llegaron a la conclusión de que Negri, que acabó huyendo a Francia en donde vivió hasta hace poco tiempo, estaba siendo protegido por poderosas fuerzas internacionales relacionadas con los servicios de inteligencia occidentales. Hoy en día todavía quedan infinidad de puntos oscuros sobre el asesinato de Aldo Moro, quien intentó llevar a cabo una serie de reformas económicas en Italia opuestas a los intereses de Estados Unidos.

Cuando en 1979 Negri fue detenido junto a otros 150 miembros de su grupo Autonomias Operaria, la organización quedó aparentemente desarticulada, pero en realidad se sumergió bajo el paraguas de los llamados "centros sociales", tan en boga dentro del movimiento antiglobalización. Los centros sociales, de ideología izquierdista, frecuentemente eran financiados por los gobiernos municipales italianos en esa época gobernados por el Partido de Refundación Comunista (PRC). Uno de los líderes de estos centros, Luca Casirini, también es el líder de un grupo llamado Overoles Blancos, quienes se encargaron de escoltar al "subcomandante" Marcos en su marcha triunfal hacía la ciudad de México D. F. y se unieron a los radicales de Bloque Negro en los tumultos de Génova. Por otro lado, uno de los líderes del PRC, Fausto Bertinotti, viajó a Chiapas en 1996 al mismo tiempo que se organizaba una asociación, perteneciente al Foro Social Mundial, cuya finalidad era lograr apoyos para el zapatismo en Italia, y que comparte oficinas con los centros sociales.

"Si hubiéramos sido francos en cuanto al estilo de gobierno que imperaba en Liberia, habríamos perjudicado gravemente los intereses estadounidenses... Las grandes potencias no rechazan a sus socios sólo por su olor"

CHESTER CROCKER.
Ex secretario adjunto estadounidense de Asuntos Africanos.

CAPÍTULO 6

África: biografía de un genocidio

Cómo intereses geopolíticos y económicos están desangrando un continente.

LAS CAUSAS DE LAS GUERRAS, EL HAMBRE Y LA MISERIA que asolan África son mayoritariamente desconocidas por el gran público. En realidad, la raíz de todas estas calamidades está en el afán de las grandes potencias occidentales y de algunas importantes multinacionales por hacerse con los ricos recursos naturales del continente.

LA VISIÓN DE ÁFRICA QUE TENEMOS LA MAYORÍA DE LOS OCCIDENTALES procede de la televisión. En la "caja tonta" sólo sabemos del continente negro por su increíble naturaleza y por las guerras, hambrunas y desgracias varias que lo asolan. Lo anterior promueve una imagen de los africanos como seres incultos, no civilizados y violentos. De hecho es habitual que los grandes medios de comunicación se refieran a las guerras de África como "guerras étnicas". Tampoco ayuda la semblanza que en ocasiones se hace en los medios de los líderes políticos del continente: seres brutales, asesinos, corruptos, ladrones y analfabetos. Lo que generalmente no se sabe es que buena parte de estos dictadores y políticos corruptos han sido aupados al poder por determinadas potencias occidentales, con el único fin de proteger sus intereses económicos en la zona. En cuanto a las guerras y matanzas, otro tanto de lo mismo. Es habitual que los grupos armados enfrentados en un conflicto estén financiados y protegidos por diferentes multinacionales e intereses económicos. En realidad, la causa de estas guerras no es la etnicidad, sino los recursos naturales por los que se enfrentan distintas multinacionales. Claro que los responsables últimos de estos enfrentamientos jamás sufrirán la violación de sus hijas, ni la amputación de alguno de sus miembros, ni el hambre, ni la desesperación, ni tendrán que huir de sus casas. Al contrario, sus hijos estudiarán en las mejores universidades, y ellos, hombres blancos, adinerados y respetados, llevarán una vida plácida y llena de comodidades.

Y es que África tiene una maldición: sus enormes recursos naturales, por los que luchan multinacionales y potencias occidentales. En cuanto a la población, los grandes planificadores de la globalización capitalista han llegado a la conclusión de que no es útil en la nueva era del mercado global. Para decirlo claramente, los africanos no interesan, sobran. Su único valor es que viven sobre grandes yacimientos de minerales, diamantes, petróleo, gas, etc. Pero de qué sorprendernos, siempre ha sido así. Las potencias coloniales llevaron el caos a África y de este modo ha continuado hasta la actualidad. Pretendemos aprovecharnos de las riquezas de los africanos, condenándolos a la más absoluta miseria, pero eso sí, de ningún modo queremos que pongan sus pies en nuestros países. Lo tenemos crudo, ya ha comenzado la "invasión". No valen leyes, ni medidas policiales, ni grandes muros. Los seres humanos tienen el "feo" instinto de huir de la pobreza. Nuestros nietos se apellidarán Mudawi, Kabumba o Hassem. Y esto, con todos los problemas culturales, sanitarios y sociales que acarreará, es imparable. Nos lo tenemos merecido, ya es hora de que probemos un poco de nuestra propia medicina. Nos están "colonizando" de forma pacífica. Mientras tanto, las grandes potencias occidentales eluden el problema, miran para otro lado, pero eso sí, siguen desangrando África…

La guerra fría en África

En 1960 el Congo logra la independencia de Bélgica, su antigua potencia colonial. El presidente Joseph Kasavubu y el primer ministro Patrice Lumumba pronto se encontraron con que los belgas no querían dejar totalmente el control en manos de los políticos congoleños. En parte, el gobierno belga estaba presionado por Estados Unidos, que veía peligrar sus inversiones en el Congo, sobre todo teniendo en cuenta que Lumumba era considerado un nacionalista de izquierdas. Los norteamericanos temían que el Congo terminara cayendo en la órbita soviética. Lumumba no cejaba en su empeño y pedía constantemente en todo tipo de foros internacionales que las tropas belgas salieran del Congo inmediatamente, tal como se había acordado. De este modo, Lumumba y su gobierno pasaron a ser considerados por Estados Unidos enemigos de sus intereses. En este sentido, William Burden, embajador estadounidense en Bruselas (Bélgica) en esa época, dirigió un telegrama al Departamento de Estado norteamericano en el que se lee: *"Con la máxima prudencia, perfilamos nuestros planes desde la base de que el gobierno de Lumumba amenaza nuestros intereses fundamentalmente en el Congo y en África en general. Por lo tanto, uno de los objetivos principales de nuestras acciones políticas y diplomáticas debe ser la destrucción del gobierno de Lumumba…"*. El ex director de la CIA William Colby afirmó ante John Stockwell, jefe de la base de la agencia en el Congo en la época, lo siguiente, según confesaría el propio Stockwell: *"La cuestión que se plan-*

teaba en el Congo era si ese país, que acababa de conquistar la independencia de Bélgica, sería dirigido por títeres defensores de las antiguas compañías mineras belgas o por hombres que contaban con la ayuda del Che Guevara y la colaboración de la Unión Soviética. La CIA encontró un punto medio entre ambos extremos: ayudó a Joseph Mobutu, entonces miembro nacionalista de las fuerzas congoleñas, a convertirse en la tercera alternativa".

Patrice Lumumba, el líder congoleño asesinado por la CIA. Lumumba pretendía hacer del Congo un país verdaderamente independiente.

Efectivamente, el 15 de setiembre de 1960, Mobutu, respaldado por la CIA, lleva a cabo un golpe de estado que derroca a Lumumba. El dictador aupado por Estados Unidos lo primero que hace es cerrar la embajada soviética y expulsar del país a todos los diplomáticos de la URSS. Pero los directivos de la CIA todavía no estaban plenamente satisfechos. Con el permiso del presidente Eisenhower, el director científico de la CIA, Sidney Gottlieb, llegó al Congo con un frasco de veneno para acabar definitivamente con Lumumba. Los estadounidenses pensaban que si liberaban a Lumumba, éste conseguiría el apoyo de buena parte de la comunidad internacional en su denuncia contra las maquinaciones norteamericanas, así que como es de sobra conocido lo eliminaron.

Stockwell, el antiguo agente de la CIA en la zona, asegura que los espías de Estados Unidos lograron infiltrarse en todas las capas del gobierno y del ejército. Mobutu, según el agente, recibió decenas de millones de dólares de los fondos de la CIA.

Cinco meses después del golpe, Mobutu llegó a Washington, donde fue recibido con todos los honores por el presidente Kennedy. El brutal dictador continuó sus relaciones con todos los presidentes norteamericanos durante las décadas que permaneció en el poder. Pero fue con George Bush padre, antiguo director de la CIA y entonces vicepresidente de Ronald Reagan, con quien mantuvo más estrechas relaciones. Mobutu incluso fue invitado a pasar varias jornadas en la casa familiar de los Bush. Y es que el dictador congoleño sirvió durante años a

El brutal dictador congoleño Joseph Mobutu, aupado al poder por Estados Unidos, mantuvo excelentes relaciones con un buen número de presidentes norteamericanos. George Bush padre invitó al dictador en varias ocasiones a pasar unos días en su residencia. En la imagen Mobutu junto a J. F. Kennedy.

los intereses de la CIA en la guerra de Angola. El gobierno izquierdista del Movimiento Popular para la Liberación de Angola (MPLA) contaba con el apoyo de Cuba y la URSS, mientras los rebeldes del Frente Nacional de Liberación de Angola (FNLA) y la Unión Nacional para la Independencia Total de Angola (UNITA) eran respaldados por Estados Unidos a través de Mobutu. El dinero de la CIA llegaba al dictador congoleño, quien debía enviarlo a la UNITA y al FNLA, además de prestar ayuda militar a los rebeldes. Sin embargo, pronto los rebeldes comenzaron a quejarse a los agentes norteamericanos de que no les llegaba el dinero de Mobutu. No era de extrañar, Mobutu era insaciable, siempre quería más y más dólares. El dictador, con el apoyo de Estados Unidos y el resto de potencias occidentales, llevó al país africano al caos. La población se moría de hambre y enfermedades mientras Mobutu y sus secuaces se convertían en unos de los hombres más ricos del mundo. Según un informe confidencial elaborado por funcionarios del Fondo Monetario Internacional (FMI), pero que finalmente fue filtrado a la prensa, Mobutu utilizó los fondos robados a su país para comprar la lealtad de políticos occidentales, incluido un primer ministro belga.

Según algunos estudios, Mobutu se hizo aproximadamente con el 50% de los presupuestos de su gobierno. En 1992, una vez que el dictador ya había abandonado el poder, Estados Unidos inició una investigación sobre las cuentas de Mobutu. Sus activos financieros se acercaban a los 5.000 millones de dólares, sin contar por supuesto sus posesiones, hoteles y empresas a lo largo del mundo. Además se sabe que Mobutu mantiene cuentas bancarias en paraísos fiscales a nombre de los más diversos testaferros, de modo que es probable que nunca sean identificadas. A pesar de todo, ni Estados Unidos ni ningún gobierno occidental ha iniciado una investigación seria sobre el origen del dinero de Mobutu. Tampoco ningún gobierno nunca inició acciones para congelar sus cuentas bancarias.

Como ya hemos dicho anteriormente, en Angola, los soviéticos y los norteamericanos apoyaban a los dos bandos enfrentados en la guerra. Sin embargo, en 1976 el congreso norteamericano prohibió que el gobierno continuase financiando al FNLA. Por su parte, el MPLA, en el poder con

Mobutu saludando desde uno de sus innumerables descapotables.

la ayuda de la Unión Soviética, financió y armó a varios grupos que intentaron derrocar a Mobutu, el dictador congoleño sostenido por Estados Unidos. En 1985, Ronald Reagan y el Partido Republicano consiguieron que el Congreso revocase la enmienda que prohibía la ayuda directa de Estados Unidos a los rebeldes del FNLA. El senador republicano Bill Symms declaró en el congreso que Angola era *"un lugar donde podemos conseguir la victoria, una victoria psicológica, que fortalecerá a los hombres libres de todo el mundo"*.

Las secuelas de la guerra de Angola, atizada por las dos superpotencias de entonces, fueron brutales. Entre 1981 y 1988 fallecieron por causa de los enfrentamientos cerca de 500.000 angoleños, de los cuales 330.000 eran niños. Las minas antipersonales mataron a otros 40.000. Los ingresos perdidos durante este periodo por el país ascendieron a 40.000 millones de dólares y el valor total de las infraestructuras destruidas se cifró en unos 22.000 millones de dólares.

En 1992 se celebraron unas elecciones, pero la guerra continuó. Tras la caída de la URSS y el fin de la Guerra Fría a nadie parecía importarle lo que ocurría en Angola. La guerra continuaba, porque ambos bandos controlaban el comercio de diamantes o la industria petrolífera, aunque ya no mantenían los apoyos de antaño. Finalmente, tras la muerte de Jonas Savimbi, el líder de la UNITA, se firmaron acuerdos de paz y actualmente parece que Angola camina hacia un futuro algo más prometedor, al menos el país dejó de estar en continua guerra, aunque sus efectos se dejarán sentir durante décadas.

Miembros de la UNITA en pleno combate. Estados Unidos apoyó a la guerrilla angoleña en su intento por derrocar al régimen procomunista que gobernaba el país.

En Liberia, Estados Unidos apoyó el régimen de un dictador sanguinario llamado Samuel Doe. La importancia de Liberia para los estadounidenses se debía a las instalaciones estratégicas que mantenían en el país africano. Por ejemplo, las informaciones diplomáticas y de espionaje procedentes de gran parte de los países de África se transmitían a Washington desde una estación de comunicaciones situada a las afueras de Monrovia, capital de Liberia. Además, los aviones norteamericanos que transportaban armas para la UNITA hacían escala en el aeropuerto liberiano de

Robertsfield para abastecerse de combustible antes de aterrizar en el sur del Congo, desde donde enviaban las armas para los rebeldes angoleños.

Doe, siguiendo la práctica de muchos otros dictadores africanos apoyados por la URSS o Estados Unidos, se dedicó a robar todo lo que pudo. Herman Cohen, secretario de Estado adjunto para Asuntos Africanos durante la presidencia de Bush padre afirmó: *"Doe era un dirigente con el que teníamos que convivir. No considerábamos que fuera un monstruo que no pudiéramos controlar... era un hombre que creía que Estados Unidos tenía la razón y la URSS estaba equivocada".*

Thomas Quiwonkpa, jefe del Estado Mayor de las Fuerzas Armadas de Liberia, intentó dar un golpe de estado contra Doe, pero finalmente fue capturado, torturado, castrado, mutilado y las tropas victoriosas de Doe acabaron devorando públicamente algunas partes de su cuerpo. Luego, unos 3.000 civiles que celebraban en las calles de Monrovia lo que creían que era un golpe de estado exitoso, fueron torturados y ejecutados.

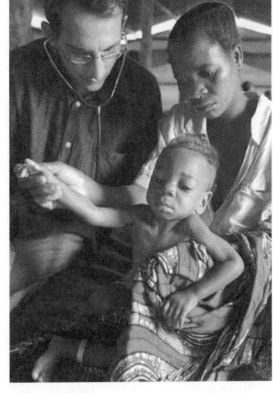

Las consecuencias de décadas de guerra en Angola, como en cualquier otra guerra, siempre las sufren los que menos culpa tienen.

En Somalia, la Guerra Fría se escenificó con el telón de fondo de las hambrunas que cada cierto tiempo asolan al país. Tres años después de que Mohamed Siad Barre tomase el poder con un golpe de estado en 1969, Somalia sufrió la sequía más severa de su historia. Los campamentos de ayuda alimentaria llegaron a albergar a 250.000 personas. La URSS inmediatamente se posicionó en el primer lugar para ayudar, pero a cambio llegaron al país más de 6.000 asesores militares y agentes del KGB. Viendo el cariz que tomaban los acontecimientos, Estados Unidos decidió enviar millones de dólares en ayudas, con el fin de atraerse hacia sus posiciones al dictador Barre. El resultado de las presiones de la URSS y Estados Unidos fue el nacimiento de multitud de grupos armados, dirigidos por "señores de la guerra" cuya pretensión era ocupar territorios estratégicos para gloria de sus "protectores" occidentales. Esta complicada situación termina en el mes de julio de 1993, cuando Estados Unidos decide invadir Somalia. En realidad se trataba de una demostración del nuevo orden mundial que se avecinaba. Según los periodistas que se encontraban en la zona, los norteamericanos invadieron un país prácticamente inexistente. No había ejército opositor ni nada que se le pareciera. Los helicópteros, aviones, barcos y demás maquinaria de guerra estadounidense no eran más que un "pase de modelos" para las cadenas de televisión internacionales. Somalia necesitaba fuerzas de pacificación y alimentos, pero sólo recibió bombas. Terminada la demostración, Somalia quedó de nuevo sumida en el caos y la barbarie.

Así se escribe la historia de África durante la Guerra Fría. Lo anterior son sólo algunos ejemplos de la responsabilidad de la antigua URSS y Estados Unidos en la actual situación del continente. Una situación, todo hay que decirlo, que no ha cambiado demasiado desde entonces. La única diferencia es que ahora las potencias que luchan por hacerse con el control de los recursos de África son Francia y, cómo no, Estados Unidos.

Los nuevos imperialistas

EN LOS AÑOS 90, MOBUTU PERDIÓ EL APOYO DE LOS NORTEAMERICANOS, situación que las multinacionales francesas aprovecharon para acercarse al dictador. Años después, la empresa petrolera francesa Elf Aquitaine se hizo con el control de buena parte de los recursos petroleros del Congo, comprando a Mobutu y a gran parte de su élite dirigente. Además del petróleo, el país africano cuenta con importantes yacimientos de cobre, cobalto, zinc, plata, diamantes, uranio, cadmio y columbita-tantalina (coltan), uno de los minerales más demandados por las industrias occidentales. El coltan, cuyos yacimientos se encuentran en el este del país, es esencial para la construcción de misiles balísticos, teléfonos móviles, armas "inteligentes", cohetes espaciales y juguetes electrónicos. El 80% de las reservas de este mineral en el mundo se encuentran en el Congo. La escasez de coltan provocó por ejemplo que en el año 1996 la multinacional japonesa Sony tuviera que posponer el lanzamiento de su producto estrella: la *Play Station-2*.

Desde mediados de los años 90, los ejércitos de Ruanda y Uganda, armados, entrenados y financiados por Estados Unidos, iniciaron una sangrienta guerra contra el Congo para hacerse con el control de las reservas de coltan. Finalmente Uganda y Ruanda consiguieron invadir la región congoleña de Kivu, donde se encuentran las reservas de coltan, y se hicieron con el preciado botín para satisfacción de sus protectores, Estados Unidos, y desgracia de Francia y sus multina-

El preciado coltan. Este mineral, fundamental para la construcción de móviles, misiles, ordenadores y otra serie de tecnologías, se halla en la región congoleña de Kivu. Multinacionales francesas y angloamericanas se enfrentan por su control, apoyando a diversas guerrillas y ejércitos. La guerra del coltan ha provocado ya más de un millón de muertos.

cionales que apoyaban al ejército congoleño. Un millón de personas perecieron en los enfrentamientos por "conquistar" el preciado mineral. Actualmente en la región de Kivu todos sus habitantes se afanan por recoger el nuevo "maná". Niños y adultos trabajan en régimen de esclavitud en minas a ras de tierra. La Coalición Congoleña por la Democracia (CCD), la guerrilla creada por Ruanda para controlar la región y proteger las explotaciones de coltan, actúa con mano férrea ante cualquier imprevisto.

En un informe de la ONU firmado por Kofi Annan sobre la situación en la región de Kivu se recomienda la adopción de sanciones a las empresas y países implicados en lo que denomina "el saqueo del Congo". Sin embargo, nada se ha hecho por cambiar la situación. Multinacionales c e la telefonía como Nokia o Motorola afirman que deben fiarse de sus "proveedores", quienes les dicen que el coltan que les venden no procede del Congo. Esto no es del todo cierto. El periodista Ramón Lobo se puso en contacto con Jesús Martínez-Frías, geólogo del Centro Superior de Investigaciones Científicas (CSIC) quien le confirmó que *"existen criterios mineralógicos e isotópicos que, en caso de que fueran yacimientos genéticos diferentes, podrían ayudar a identificar su origen exacto"*. Otra fuente del CSIC consultada por Lobo fue todavía más contundente: *"Quien afirme que resulta imposible saber si el coltan procede del Congo, miente"*.

En el citado informe elaborado por la ONU se identifican bancos, compañías aéreas e industrias que se aprovechan del tráfico ilegal de coltan procedente del Congo. Por su parte, el diario *Le Monde* reveló en el año 1996 que una concesión de unos 83.000 kilómetros cuadrados situados en la región congoleña controlada por Uganda y Ruanda acababa de concedérsele a una compañía norteamericana a cuyo consejo de administración pertenecían un ex presidente de Estados Unidos y otro de Canadá. De fuentes bien informadas se filtró que los nombres de estos eran George Bush y Brian Mulroney. Ambos pertenecían en ese momento al consejo de administración de Barrick Gold, conglomerado minero con sede en Toronto (Canadá) y tercer extractor de oro del mundo. El 29 de noviembre de 1996 un portavoz de Barrick Gold confirmó que la sociedad había obtenido derechos de explotación de materias primas en el Congo.

En 1997, Mobutu fue finalmente derrotado por los ejércitos de Uganda y Ruanda, quienes pusieron al frente del país a su aliado Laurent Kabila. El nuevo mandatario y su gobierno dispusieron inmediatamente concesiones mineras para varias empresas norteamericanas, británicas, sudafricanas y canadienses en perjuicio de multinacionales francesas. En una de estas empresas mineras instaladas en el Congo, la American Mineral Fields, George Bush padre tenía intereses.

Laurent Kabila finalmente accedió al poder en el Congo gracias al apoyo de Estados Unidos.

En un informe elaborado por el Fondo Monetario Internacional (FMI) se pone de manifiesto que se desconoce el paradero de los mil millones de dólares anuales que genera la industria del petróleo en Angola desde 1996. Mientras tanto uno de cada cinco niños menores de cinco años mueren antes de cumplir esa edad. En dicho informe se trazan las líneas maestras del escándalo conocido como "Angolagate", en el que aparecen implicadas varias multinacionales petroleras francesas. El "Angolagate" permitió que la sociedad francesa conociera los esfuerzos de los gobiernos de Mitterrand y Chirac por desalojar a Estados Unidos del primer lugar de la explotación petrolera en Angola. La negociación tuvo lugar en momentos en que el ejército angoleño se encontraba en una complicada situación frente a las tropas rebeldes de la UNITA, apoyadas por Estados Unidos. Francia le suministró armas al gobierno y a cambio recibió concesiones petroleras.

Otro país africano en el que Francia mantiene importantes intereses es el Congo-Brazzaville —no confundir con la República Democrática del Congo—. Francia apoyó a Denis Sassou Nguesso en su levantamiento militar contra Pascal Lissouba, presidente elegido democráticamente. Tras una cruenta guerra civil de cuatro meses, Sassou se hizo con el poder. Al parecer, el presidente Lissouba encendió todas las luces de alarma de París cuando el servicio secreto francés se enteró de que había negociado secretamente un pago anticipado de crudo con la empresa estadounidense Occidental Petroleum Corp. Lissouba recibió una gran cantidad de dinero, y a cambio otorgó derechos sobre las reservas petroleras del país a Occidental Petroleum. Esto condujo a una fuerte presión diplomática francesa que obligó a Lissouba a cancelar su acuerdo con la petrolera norteamericana. Diversas fuentes diplomáticas señalan que a raíz de esta desavenencia la petrolera francesa Elf inició una campaña contra Lissouba, que terminó con su derrocamiento. Y es que Francia pretendía evitar a toda costa que le sucediera lo mismo que en Argelia. La guerra de liberación de Argelia contra Francia, su antigua metrópoli, se convirtió en una de las guerras más sangrientas y brutales de África. Durante casi una década Francia intentó proteger sus yacimientos de petróleo en Argelia, que hasta 1968, año en que fueron nacionalizados, habían sido explotados íntegramente por empresas francesas.

Francia también es responsable de las matanzas que tuvieron lugar en Camerún entre 1952 y 1957. Los rebeldes del Ejército de Liberación de Camerún (ANLK), que luchaban por la nacionalización de los intereses occidentales en el país, mayoritariamente franceses, fueron literalmente masacrados, al igual que miles de inocentes civiles. Según el antiguo piloto francés Max Bardet, que participó en la guerra de Camerún, poblados enteros fueron aniquilados con napalm por las tropas francesas: *"mataron entre 300.000 y 400.000 personas; un genocidio en toda regla"*.

Las campañas militares de Francia en África no han sido pocas durante los últimos cincuenta años. En 1964 y 1990 intervinieron en Gabón para mantener a sus presidentes aliados; entre 1968 y 1986 impusieron en el Chad a un buen número de dictadores; en 1962 las tropas francesas sostuvieron al presidente senegalés Leopold Sedar Senghor; etc.

En Costa de Marfil, el dictador Houphouët-Boigny estuvo protegido hasta su muerte por Francia, la antigua metrópoli. Boigny, quien antes de la independencia de su país había sido parlamentario francés, aprovechó sus años en el gobierno para enriquecerse descaradamente, dejando a su país sumido en la miseria. Tras su muerte en 1993 surgieron nuevos partidos que tomaron las riendas de Costa de Marfil. En diciembre de 1999 el antiguo jefe del Estado Mayor da un golpe de estado, haciéndose con el poder. En el año 2000 se celebran unas elecciones plagadas de irregularidades y violencia que llevan al poder a Laurent Gbagbo, el hombre de confianza en el país del Partido Socialista Francés. Tiempo después tiene lugar otro levantamiento militar, mientras Gbagbo pedía públicamente la intervención del ejército francés para hacer frente a los amotinados. Aprovechando la situación de caos que se vivía en el país, Estados Unidos vio su oportunidad y envió tropas a la capital de Costa de Marfil, justificando su intervención por la incapacidad de Francia de imponer orden. Finalmente las tropas estadounidenses crearon una base militar en la capital, donde desembarcaron todos sus equipos. Ante el envite norteamericano, los franceses enviaron tropas, armas y municiones para el ejército del presidente Gbagbo, impidiendo así el triunfo de los sublevados. Diversas fuentes confirman que el intento de golpe de estado fue preparado y financiado por diversas multinacionales francesas que veían como poco a poco otras multinacionales británicas y norteamericanas iban haciéndose con parte del "botín". Sin embargo, ante la llegada de las tropas estadounidenses, el gobierno francés se vio en la obligación de mantener en el poder a Gbagbo, quien pretendía la ayuda de las tropas de Estados Unidos si Francia no hacía nada por evitar el golpe.

A todo esto debemos decir que Costa de Marfil tiene una esperanza de vida de 47 años; el analfabetismo es del 46% en los hombres y del 63% en las mujeres, y la mortalidad infantil se acerca al 9%.

La verdad sobre las masacres de Ruanda

LA COMPETENCIA ENTRE FRANCIA Y ESTADOS UNIDOS por el control de África se escenificó dramáticamente como en ninguna otra situación, en el genocidio ruandés. Aproximadamente un millón de personas fueron asesinadas en esos aciagos días de 1994.

Ruanda estaba gobernada entonces por el presidente Juvenal Habyarimana, miembro de la mayoría hutu que ostentaba el poder. La otra etnia de Ruanda, los tutsis, sufría habitualmente el ostracismo y la violencia gubernamental. Por esa razón, los líderes tutsis crearon un ejército rebelde conocido con el nombre de Fuerzas Patrióticas de Ruanda (FPR). El gobierno de Habyarimana era un fiel aliado de Francia, país del que recibía armas, dinero e instrucción militar para sus soldados. Por el contrario, como no podía ser de otro modo, el FPR contaba con el beneplácito de Washington.

El genocidio ruandés se inicia el 6 de abril de 1994, cuando el avión en el que viajaba Habyarimana junto al presidente de Burundi es derribado por dos misiles en las cercanías del aeropuerto de Kigali. Lo cierto es que a día de hoy no está clara la autoría del atentado, aunque investigaciones llevadas a cabo por un juez francés a petición de las familias de los tres tripulantes franceses que fallecieron en el atentado, apuntan a que los que lanzaron los misiles eran soldados del FPR. En el año 2000 aparecieron unos reveladores documentos para el esclarecimiento del caso. Varios días antes del dramático suceso, el avión que sufrió el atentado aterrizó en el aeropuerto de Ginebra para realizar unas reparaciones de rutina. En el mismo viajaban varios coroneles del ejército de Burundi, país dominado por la etnia tutsi y que mantenía estrechas relaciones con el FPR. Uno de estos militares de Burundi fue detenido por las autoridades francesas cuando intentaba cruzar la frontera y le fueron requisados varios docu-

Un militar custodia algunas "pruebas" del brutal genocidio ruandés. Las alarmantes cifras hablan de un millón de muertos.

mentos. El contenido de estas notas confirma que el FPR, liderado por el tutsi Paul Kagame, planeaba atentar contra el avión presidencial en Kigali.

Sin embargo, ya mucho antes del atentado que desencadenó la masacre, concretamente el 11 de enero de 1994, el general canadiense Romeo Dallaire, máximo responsable del contingente de los cascos azules de la ONU en Ruanda, envió un fax al Departamento de Operaciones de Paz del Cuartel General de la ONU en Nueva York. En el mismo se ponía de manifiesto que según sus informadores se gestaba un gran genocidio en el país. Solicitaba refuerzos y permiso para llevar a cabo planes preventivos para evitar la masacre. La respuesta de la ONU le llegó ese mismo día: se le prohibía intervenir. El mismo día que el avión que llevaba al presidente Habyarimana saltó por los aires, algunos extremistas hutus del gobierno torturaron y asesinaron a diez soldados belgas de las Fuerzas de Paz de Naciones Unidas. Una semana después, el general Dallaire seguía insistiendo en que con un contingente de 5.000 hombres y un mandato claro se podía evitar la masacre que se avecinaba. La ONU, sin embargo, siguió ordenando que nadie interviniera. En la actualidad, Dallaire, ya retirado y profundamente marcado por los sucesos que le tocó vivir en Ruanda, afirma que por alguna razón desconocida para él las potencias occidentales decidieron permitir que el genocidio se produjera. Dallaire apunta directamente al gobierno francés: "(militares franceses) *estaban presentes en los cuarteles generales* (de Ruanda). *Conocían lo que pasaba en las estructuras militares. Estaban perfectamente informados de que se tramaba algo que podía conducir a grandes matanzas".* El ex general canadiense también afirma que *"Francia protegió a los responsables del genocidio".* Efectivamente, después de que los progubernamentales hutus asesinaran cerca de un millón de tutsis y hutus moderados durante varios días, el ejército francés puso en marcha la llamada "Operación Turquesa". En teoría se trataba de un corredor humanitario para sacar del país a sus compatriotas, pero en la práctica no era más que una operación militar para proteger a los responsables de la masacre, los cuales mantenían estrechísimas relaciones comerciales y militares con Francia.

Sin embargo, el gobierno francés no era el único que conocía lo que se tramaba. Recientemente han salido a la luz en Estados Unidos algunos informes militares que revelan que el gobierno estadounidense sabía del riesgo de un genocidio en Ruanda en 1994, pese a lo que insistió en la retirada de las Fuerzas de Paz de la ONU. Por ejemplo, en un memorando del Pentágono se solicitaba que se evitara utilizar el término genocidio para describir lo que estaba sucediendo en Ruanda porque esto obligaría al gobierno de Estados Unidos a intervenir según lo estipulado en el Tratado sobre Genocidio de 1948.

Todo lo anterior quiere decir, ni más ni menos, que el general Dallaire recibió la orden de no actuar porque ni Francia ni Estados Unidos, los dos países que se enfrentaban por el control de Ruanda, querían que se produjera la intervención. Ambos pretendían que tuviese lugar el genocidio, probablemente por razones distintas. El gobierno de Francia debió pensar que si los hutus se deshacían de sus enemigos, el gobierno de Ruanda, recordemos apoyado por Francia, acabaría de un plumazo con los rebeldes de FPR, sostenidos por Estados Unidos. Por el contrario, los estrategas del gobierno estadounidense debieron pensar que las matanzas desencadenarían una reacción de rechazo mundial al gobierno de Ruanda, lo que provocaría que los rebeldes del FPR se hicieran con el poder. Así fue, acertaron los norteamericanos y erraron los franceses, sólo que este juego de ajedrez de las dos potencias costó la vida de casi un millón de ruandeses.

Una vez desatado el genocidio, y aunque la ONU había decretado un embargo de armas, el 1 de mayo de 1994, Francia y una firma británica enviaron armas al ejército criminal de Ruanda a través del aeropuerto de Goma, en Zaire. Una vez que Kigali, capital de Ruanda, fue tomada por los rebeldes del FPR, las autoridades ruandesas ya en el exilio instalaron en Goma, con la ayuda del ejército francés, una sede del Banco Nacional de Ruanda. Éste efectuó religiosamente el pago por la compra de armas.

Ya instalado como jefe de gobierno de Ruanda, Paul Kagame, líder del FPR, se dedicó a masacrar a los miembros de la etnia hutu que todavía quedaban en el país, igual que anteriormente los hutus habían hecho con los tutsis. Decenas de miles de hutus lograron huir hacía algunas zonas del Zaire, donde también fueron capturados y asesinados por las tropas de Kagame, siempre con el beneplácito de Estados Unidos, cuyo gobierno

Paul Kagame, antiguo líder de los rebeldes ruandeses del FPR y actual presidente del país. Estados Unidos apoyó, financió y armó al FPR y actualmente hace lo mismo con el ejército de Ruanda, el cual utilizó para arrebatarle al Congo la región de Kivu.

Romeo Dallaire, jefe del contingente de cascos azules de la ONU en Ruanda durante las matanzas, acusa a Occidente de permitir el genocidio en el país africano.

presionó de todas las maneras posibles a la ONU para que en sus informes sobre las masacres de Zaire se excluyese la palabra genocidio. Es más, Estados Unidos pretende que sea el propio gobierno de Ruanda el que investigue las matanzas de las que se le acusa. Es decir, sería como si un juez le da la oportunidad a un asesino para que se juzgue a sí mismo: obviamente conseguiría la absolución.

¿Un plan de genocidio contra África?

APARTE DEL JUEGO DE INTERESES de las grandes potencias en África, existen historiadores e investigadores que van todavía más allá y afirman que existe un plan de genocidio contra África perfectamente pensado desde los años 70 por los grandes intereses financieros. La finalidad de este macabro plan sería que los africanos nunca pudieran hacerse con el control de sus recursos naturales.

La principal pista sobre la existencia de esta conspiración nos la ofrece un memorando redactado en 1971 por el entonces secretario de Estado norteamericano Henry Kissinger y sus consejeros. Bajo el título de *National Security Study Memoramdum 200*, leemos "perlas" como que *"la despoblación debería ser la más alta prioridad en la política de Estados Unidos hacía el Tercer Mundo"*. Según dicho informe, la despoblación sería *"un asunto trascendental para la seguridad nacional de este país* (Estados Unidos)", cuya economía *"requerirá grandes y crecientes cantidades de minerales del exterior, especialmente de los países menos desarrollados"*.

Curiosamente, en junio de 1969, el Pentágono formuló al Congreso una petición para recibir una gran partida presupuestaria con el fin de sufragar la creación de un virus con unas características sorprendentemente parecidas a las que posee el virus del SIDA. La nueva enfermedad sería resistente a la terapia inmunológica y el desarrollo del virus se habría conseguido en un periodo de entre 5 y 10 años. Es curioso que el primer caso de SIDA aparece 10 años más tarde.

Sólo un mes después de esta extraña petición del Pentágono al Congreso, un comité del Partido Republicano especializado en "población y recursos de la Tierra", dirigido por George Bush padre, despertaba la alarma sobre el aumento demográfico en el Tercer Mundo, exigiendo respuestas concretas del gobierno estadounidense para atajarlo. La descripción de las calamidades que se avecinaban contra los intereses de Estados Unidos en el Tercer Mundo si la población seguía creciendo hizo que la administración Nixon reestructurara los proyectos de cooperación con países subdesarrollados que tenía entonces, poniendo en manos de Kissinger la política de Estados Unidos hacía estos países. El "bueno" de Kissinger, que ha estado involucrado desde los comienzos de su carrera política en todo tipo de asuntos sucios y operaciones encubiertas, enseguida puso a la NASA a trabajar. La misión de la agencia espacial sería la de inspeccionar cuencas hidrológicas y hacer estudios agronómicos en el África subsahariana.

Es más que sospechoso, según han confirmado algunos periodistas, que los mismos científicos que más tarde trabajaron con Robert Gallo, el descubridor del virus del SIDA, en el Instituto Nacional del Cáncer (NCI), habían desarrollado trabajos en África contratados por el ejército de los Estados Unidos y la Organización de Ayuda Exterior Humanitaria de este país. Esta misma organización llevó a cabo masivas campañas de vacunación en una veintena de países africanos. Según afirmó el doctor Leonard Horowitz en una conferencia pronunciada en la IX Conferencia Internacional del SIDA, celebrada en junio de 1996, estas campañas de vacunación eran en realidad un plan secreto de Estados Unidos para expandir el SIDA por África. En su polémica ponencia titulada *Las conexiones de Kissinger con la CIA y los orígenes del SIDA y el ébola*, Horowitz también defendió el origen artificial de la enfermedad, algo que también afirman otros médicos como John Seale o Robert Strecker, quienes opinan que el virus del SIDA es la combinación de otros dos virus ya conocidos anteriormente: el VISNA, que afecta a ciertos animales pero no al hombre, y el HTLV-1, causante de una variedad de leucemia vírica. Según estos investigadores, el código genético del virus del SIDA y el del VISNA son coincidentes en un 97%, y el 3% restante se encuentra en el genoma del HTLV-1.

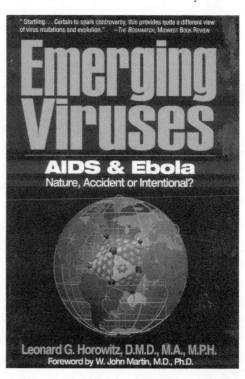

El periodista e investigador español ya desaparecido Andreas Faber-Kaiser accedió a un informe confidencial de los

El doctor Leonard Horowitz plantea en varios de sus libros que el origen del SIDA es artificial.

servicios secretos españoles que ya en 1987 insinuaba el origen artificial del virus del SIDA. En dicho informe, según Kaiser, se puede leer: *"El profesor Jacob Segal, de la Universidad de Berlín Oriental, apunta a que fue probablemente en los laboratorios de Fort Detrick (Maryland) donde tuvo lugar la manipulación genética. El doctor Segal ha redactado un informe de treinta páginas sobre su convicción del origen artificial del virus, en el que se afirma que el retrovirus VIH (virus del SIDA), creado en Fort Detrick, es una combinación del virus MAEDI - VISNA, oriundo de las ovejas, y el virus humano de la leucemia de células (HTLV-1). Muy probablemente, añade el doctor Segal, los científicos no eran conscientes de la terrible creación que habían logrado. Al doctor Segal la teoría del mono verde le resulta divertida e increíble y la considera una cobertura ideada por los propios norteamericanos"*.

La publicación de inteligencia *EIR* tuvo la oportunidad de entrevistar en 1981 al jefe del servicio para América Latina de la Oficina de Asuntos Demográficos del Departamento de Estado de los Estados Unidos, Thomas Ferguson, quien dejó bien claro con sus palabras que las políticas de despoblación eran prioritarias para el Departamento de Estado. Afirmó textualmente que *"una vez que la población escapa a todo control, se impone el gobierno autoritario, incluso fascista, para reducirla... En El Salvador no hay sitio para tanta gente. Consideren también Vietnam. Hemos estudiado el asunto. Aquella región estaba también superpoblada y planteaba un problema. Pensamos que la guerra haría descender los índices de crecimiento y nos equivocamos. Para reducir rápidamente y de manera efectiva la población, sería necesario que todos los hombres sean movilizados para el combate y que se mate a una gran cantidad de mujeres en edad de procrear. Mientras tengan ustedes un gran número de mujeres en edad de procrear, tendrán un problema. En El Salvador se mata a un pequeño número de hombres y no las suficientes mujeres para que ello tenga una influencia sobre la población. La manera más rápida de reducir la población es con el hambre, como en África, o la enfermedad, como la peste negra. Lo que podría suceder en El Salvador es que la guerra desorganizara la distribución de los alimentos. Entonces, la población se debilitaría y habría enfermedades y escasez. En este momento, podrían ustedes crear una tendencia a la baja rápida de los índices demográficos. De otro modo, la gente se reproduce como animales"*.

Sea cierto o no que el gobierno de Estados Unidos desarrolló el virus del SIDA para acabar con la población africana, la realidad es que están confirmados una serie de experimentos de guerra química y biológica, incluso con la propia población estadounidense. En 1950 la Marina de los Estados Unidos esparció una nube de bacterias sobre la ciudad de San Francisco, simulando que había tenido lugar un ataque enemigo. Varios ciudadanos enfermaron de neumonía. Cinco años después, el Departamento de Guerra Química y Biológica de la CIA esparce el agente de la tosferina en la bahía de Tampa (Florida), con el resultado de dos muertes. En esta misma época, la CIA y otras agencias comienzan a experimentar sobre los efectos de las radiaciones en los seres humanos. Para ello se utilizan sin su consentimiento a escolares, presos y pacientes de hospitales. Tras descubrirse por la prensa este macabro experimento, se creó una comisión de investigación en el Congreso, y el entonces presidente Bill Clinton tuvo que pedir perdón públicamente a las víctimas. En estas mismas fechas el Departamento de Defensa de Estados Unidos reconoció ante el Congreso que mantenía en ese momento 127 programas de investigación de guerra biológica.

Independientemente de todo lo anterior, la verdad es que el principal factor que impide el desarrollo de los países africanos es su deuda externa. Efectivamente, después de que Occidente llevara siglos expoliando los recursos naturales de África, las naciones del continente se vieron en la necesidad de pedir préstamos a los países ricos. Estos préstamos llegaron, pero con unos intereses altísimos, por lo que los países africanos jamás podrán pagar la deuda. De hecho, ya la han pagado al menos cinco veces, pero como los intereses son tan exagerados, su deuda se sigue acumulando. Existen algunas naciones africanas que destinan los dos tercios de sus presupuestos anuales a hacer frente a la deuda. Ante la imposibilidad de pagar a sus acreedores occidentales, se ven obligados a vender a las multinacionales occidentales, a precios de saldo, yacimientos de minerales o de crudo, además de privatizar todas sus empresas públicas, que acaban en manos de los grandes intereses oligárquicos.

A pesar de las críticas del Vaticano, infinidad de asociaciones civiles o los presidentes de países como Etiopía o Zimbawe, nada parece que vaya a cambiar en un futuro próximo.

"Los pobres no tienen aviones, ni barcos, ni pistas de aterrizaje. El narcotráfico internacional requiere aviones de carga, pistas de aterrizaje tanto en el país de origen como en el de destino, redes de contactos, grandes cantidades de dinero para realizar inversiones, mecanismos para lavar el dinero, etc.".

MALCOLM X.
Defensor de los derechos de la comunidad negra de Estados Unidos

CAPÍTULO 7

Narcotráfico, S. A.

Cómo funciona el negocio del tráfico de drogas y a quiénes beneficia

OCULTA TRAS EL SUCIO MUNDO DEL NARCOTRÁFICO existe toda una serie de intereses económicos que implican a gobiernos, servicios secretos y al propio sistema financiero internacional.

EN EL CINE Y LA TELEVISIÓN LOS NARCOTRAFICANTES suelen ser una panda de malvados, sin ningún tipo de escrúpulos, que manejan todo un entramado mafioso para "colocar" sus drogas. Sin embargo, la realidad es muy diferente. El negocio del tráfico de drogas genera mayores beneficios que el valor del Producto Interior Bruto (PIB) de la mayor parte de los países occidentales. Se trata de un "negocio" que utiliza técnicas de mercado extremadamente refinadas, en donde cada eslabón de la pirámide tiene encomendados unos trabajos concretos. Y es que estamos hablando del mayor "negocio" de la Tierra, muy por encima de los beneficios que generan las industrias del petróleo, la tecnología, el automóvil o las armas. No es razonable pensar, por mucho que así nos lo presente Hollywood, que el narcotráfico simplemente consista en comprar el producto en Asia o Latinoamérica para luego venderlo en las calles de cualquier ciudad occidental. Al contrario, el proceso es bastante más complejo, y como en cualquier otra gran industria se ven implicados los intereses de buena parte de los gobiernos, el sistema financiero internacional y miles de expertos en cuestiones de mercado, que estudian cómo sacar mayor rendimiento a los beneficios del tráfico de drogas. Estos beneficios se reinvierten en seguir manteniendo la "industria" y en otro tipo de negocios absolutamente legales que se incorporan con "todas las de la ley" al sistema capitalista mundial.

De vez en cuando las Fuerzas de Seguridad del Estado decomisan mayores o menores cargamentos, pero esto no cambia nada. Según las estadísticas policiales de Europa y Estados Unidos se decomisa alrededor del 15% del total de "producto" que llega a las calles, algo con lo que ya cuentan las cabezas pensantes de las mafias. La vía policial no es la solución, la única forma de terminar con las redes del narcotráfico es intervenir sus cuentas bancarias, en otras palabras, atacar a sus finanzas. Sin embargo esto es imposible porque, como muy bien saben jueces y policías, el sistema los protege. Efectivamente, son los mismos gobiernos que aparentemente luchan contra las drogas los que permiten la vigencia de unas reglamentaciones que hacen posible la existencia de los llamados paraísos fiscales, es decir, lugares en los que las grandes mafias pueden depositar sus beneficios sin que ningún gobierno u organismo policial pueda investigar sus cuentas. Estos mismos paraísos –Suiza, Bahamas, Islas Caimán, Barbados, Bermudas, Trinidad y Tobago, Antillas Holandesas, Kuwait, Singapur, Hong Kong, Liechtenstein, etc.– sirven para "blanquear" los beneficios de narcotráfico merced a una serie de cambios de cuentas e inversiones en "empresas fantasmas", sociedades inversionistas, etc.

Lo sangrante del asunto es que las entidades financieras establecidas en estos paraísos, que cuentan con la protección de los gobiernos de Occidente, en realidad son "bancos de paja" creados por los grandes bancos del mundo, tanto para evadir impuestos y realizar todo tipo de operaciones económicas ilegales como para facilitar el "blanqueo" del dinero de las mafias del narcotráfico, la prostitución o el tráfico ilegal de armas, diamantes, oro y demás.

Marcelo Sain, responsable del área de prevención y control del lavado de dinero de la Secretaría de Lucha contra el Narcotráfico de Argentina, afirmó sin medias tintas que

El periodista y parlamentario suizo Jean Ziegler ha denunciado públicamente al sistema bancario suizo que permite que capitales de origen criminal entren en sus bancos sin que nadie haga preguntas.

"todos los paraísos fiscales han surgido como consecuencia de la necesidad de canalización de los recursos de la evasión tributaria de los países centrales. Y esos mismos circuitos son los que después comenzaron a utilizarse para blanquear dinero de las grandes organizaciones criminales internacionales".

Infinidad de políticos, organizaciones civiles y mandos policiales y judiciales han reclamado que se acabe de una vez con los paraísos fiscales, pero mucho nos tememos que esto no va a cambiar. Como me decía un buen amigo del servicio secreto español, *"si se abrieran las puertas de estos lugares de par en par el sistema se derrumbaría. Saldrían a relucir grandes tramas mafiosas, de evasión de impuestos o de sobornos políticos, sin contar las operaciones ilegales de servicios de inteligencia y partidos políticos de medio mundo. Sería el caos"*.

Los jueces y mandos policiales saben que los dirigentes del tráfico internacional de drogas estudian pormenorizadamente el mercado hacía el que van a dirigir sus "exportaciones", previendo cualquier tipo de contingencia. Por ejemplo, en los momentos más intensos de la persecución contra el narcotráfico en el sudeste asiático, la policía tailandesa decomisó 3.000 kilos de heroína almacenados en una refinería. En aquel entonces se sabía que existían en el país al menos veinte más. Es decir, grandes cantidades de heroína permanecían almacenadas para que no se inundara el mercado y consecuentemente no bajaran los precios. Si ocurría cualquier contratiempo, como la desaparición de algunas cosechas o grandes operaciones policiales, se sacaba a la calle parte de la droga almacenada para que el mercado no quedase desatendido. En 1972, los líderes del narcotráfico decidieron ampliar prácticamente en un 100% los cultivos de amapola en el sudeste asiático. Contaban con un enorme aumento del consumo de heroína por parte de los soldados norteamericanos en Vietnam. Sin embargo, Nixon retiró las tropas y de pronto se produjo un exceso de heroína sin precedentes en el mercado, lo que provocó la reducción precipitada de los precios. Curiosamente en ese momento el gobierno tailandés intervino nada más y nada menos que veintidós toneladas de heroína, en una serie de operaciones policiales exitosas como nunca se habían visto antes. En realidad, como denunciaron algunos periodistas en la época, lo que verdaderamente había ocurrido es que se restauró el "equilibrio" del mercado, sacando de las calles grandes excedentes de mercancía que lo único que hacían era bajar los precios, hundiendo así a los grandes intereses del narcotráfico.

Un ejemplo histórico de las íntimas relaciones entre los intereses del narcotráfico y los gobiernos son las guerras del opio que enfrentaron en el siglo XIX a los chinos contra los británicos. En el siglo XVI los árabes llevaron a China el uso "recreativo" del opio. Hasta entonces en el país amarillo siempre se había utilizado la adormidera con fines terapéuticos. La costumbre de fumar opio se volvió tan popular que las grandes importaciones de adormidera terminaron por quebrar la balanza de pagos china. En 1729, el emperador promulgó un edicto que prohibía la importación de opio, pero esto provocó el nacimiento de un comercio ilegal. Estamos ante los inicios del tráfico de drogas tal como lo entendemos en la actualidad.

La famosa y poderosa Compañía de las Indias Orientales de Gran Bretaña, que tenía el monopolio exclusivo de las plantaciones de adormideras en Oriente, se vio obligada a aumentar el tráfico de opio debido a sus problemas contables, por lo que empezaron a entrar grandes cantidades en China. Un segundo edicto del emperador, en 1796, aplicaba la

Dibujo que representa una de las "guerras del opio", que se desataron en China durante el siglo XIX.

pena de muerte a los contrabandistas y dueños de fumaderos, pero aún así las cantidades de opio que entraban anualmente en China no se reducían. El opio que llegaba a las costas chinas transportado por la Compañía de las Indias Orientales se cambiaba por lingotes de oro, plata u obras de arte que luego se vendían en Europa. En 1880, llegaban a China unas 6.500 toneladas de opio al año y la población adicta superaba los 15 millones. En 1839, ante los estragos en millones de familias que estaba causando la droga, el emperador envía una carta a la reina Victoria de Inglaterra pidiéndole que ordenase la prohibición del tráfico de opio a China. La carta es leída ante la Cámara de los Comunes, que en una moción aprobada por mayoría absoluta rechazan las peticiones del emperador chino con el argumento de que *"resulta inoportuno abandonar una fuente de ingresos tan importante como el monopolio de la Compañía de las Indias Orientales en materia de opio".* En cuanto el emperador se enteró de la respuesta de los británicos, ordenó poner en marcha una operación contra el tráfico. Los más importantes comerciantes de opio fueron apresados y condenados a muerte y se incautaron grandes cantidades de "material".

Ante la presión de los comerciantes de opio ingleses, el Parlamento británico se reúne urgentemente y decide declararle la guerra a China. El 29 de agosto de 1842, después de casi tres años de guerra, se firma el Tratado de Nanking, en virtud del cual se pone fin a la I Guerra del Opio. Con este tratado Inglaterra consigue la cesión de Hong Kong y la apertura al comercio inglés de cinco ciudades chinas. La II Guerra del Opio (1856 - 1860) tuvo lugar por la negativa de China a legalizar el opio, y terminó con la firma de nuevos acuerdos con los británicos que incluían finalmente la legalización del comercio de opio.

La banca internacional y el negocio de las drogas

SEGÚN INVESTIGACIONES LLEVADAS A CABO por el Fondo Monetario Internacional (FMI) alrededor de 500.000 millones de dólares de "dinero sucio" entran anualmente en el mercado internacional de capitales. La ONU, por su parte, estima que cada año se "blanquean" unos 600.000 millones de dólares. Sin embargo, investigaciones independientes llevadas a cabo por organizaciones gubernamentales dedicadas a la lucha contra las drogas piensan que estas cifras son demasiado bajas. Según estas fuentes, sólo las ganancias que produce el narcotráfico ya se acercan a los 500.000 millones de dólares al año. Y es que según los cálculos más conservadores, contando únicamente las actividades delictivas de ámbito transnacional, los beneficios del crimen organizado suponen cada año el 20% del comercio mundial.

El FMI sostiene en uno de sus informes que *"el número y variedad de transacciones utilizadas para lavar dinero ha devenido en operaciones cada vez más complejas, frecuentemente involucrando a numerosas instituciones financieras y uti-lizando instituciones financieras no bancarias —casas de cambio, servicios de cambio de cheques en efectivo, aseguradoras o intermediarios en el mercado financiero—".*

A finales de 1998, fuentes de diversas organizaciones internacionales contra el crimen organizado estimaban que había depositados unos cinco billones de dólares —con "b", sí, han leído bien— en los paraísos fiscales. En estas zonas bancarias donde la ilegalidad no existe, operan unos 4.000 bancos que, como ya apuntamos anteriormente, dependen en su mayoría de las más importantes corporaciones bancarias del mundo. En 1999, el Senado norteamericano inició una investigación sobre algunos de los bancos más importantes del mundo. Los investigadores del Senado lograron averiguar que los dos mayores bancos tenían más de 20.000 cuentas abiertas en todo tipo de paraísos fiscales.

El escritor y parlamentario suizo Jean Ziegler, uno de los máximos expertos del mundo en delitos financieros, asegura que *"una oligarquía financiera reina desde hace casi doscientos años sobre un estado (Suiza) y un pueblo cuya legislación, sistema ideológico y burocracias electorales están estrechamente adaptadas a sus necesidades. Gracias a un sistema bancario hipertrofiado, también gracias a esas instituciones que garantizan el secreto bancario y la cuenta de número, esta oligarquía funciona como un encubridor del sistema capitalista mundial… La ley helvética es tan compleja que muy pocos gobiernos africanos, latinoamericanos o asiáticos tienen alguna posibilidad de recuperar unas pocas migajas de sus antiguos tiranos".*

En Francia una comisión parlamentaria conminó al gobierno de su país a *"contemplar seriamente una revisión de sus relaciones con el principado de Mónaco"* porque su existencia como paraíso fiscal *"amenaza con desacreditar la determinación de Francia de combatir el lavado de dinero ilegal".*

A finales de los años 70, la revista de inteligencia *EIR* inició una ardua investigación en todo el mundo para tratar de trazar el mapa de las redes del tráfico y lavado de dinero de las drogas. En su investigación se encontró con una compañía aérea, Midwest Air, relacionada con algunos respetables bancos y a la que varios funcionarios antidrogas acusaban de ser la puerta de entrada de grandes remesas de narcóticos en Estados Unidos.

Sorprendentemente, la Midwest Air tenía un contrato en exclusividad con la Reserva Federal, es decir, el Banco Central de Estados Unidos. La misión de la compañía aérea consistía en transportar cheques bancarios para la Reserva. Por esta razón los cargamentos que transportaban los aviones de la compañía nunca eran revisados por las autoridades de Aduanas, lo que hacía a la Midwest Air única para el transporte de cualquier mercancía de contrabando. Sin embargo, pronto se hicieron oír las primeras críticas de algunos funcionarios de la Reserva, y es que la compañía aérea dejó de atender sus obligaciones con la Reserva, lo que provocó un enorme problema de ajuste dentro del sistema financiero norteamericano. Incluso la Comisión Bancaria de la Cámara de Representantes inició una serie de pesquisas al respecto, pero nada cambió, misteriosamente la Midwest Air siguió trabajando para la Reserva. La investigación de *EIR* revelaba que el contrato de la compañía con la Reserva Federal se logró *"por arreglos de Claude Maclary Blair, miembro de la junta directiva del National Bank of Cleveland y mayor general en el escogido Regimiento de Transmisiones de Inteligencia de la Fuerza Aérea".*

Las investigaciones de *EIR* también revelaron la íntima relación entre los grandes bancos y los paraísos fiscales. Por ejemplo, los investigadores de la publicación especializada en el mundo de la inteligencia descubrieron que *"el jefe de reglamentos y licencias bancarias de las Islas Caimán —que ocupan el tercer lugar en el circuito del dinero sucio, inmediatamente detrás de Hong Kong y Macao— es un tal Mr. Benlow. Este sujeto es un funcionario retirado del National Westminster Bank, en Inglaterra, el cual comparte dos directores, J. A. F. Binny y R. J. Dent, con el Hongkong and Shanghai Bank. Below obtuvo su puesto actual por recomendación del Fondo Monetario Internacional (FMI), orientado por los británicos, según una fuente del Departamento de Cambios y Estabilización del FMI".* En este sentido, el antiguo ministro de Exteriores de la Guyana, Frederick Wills, acusó en unas declaraciones al FMI de imponer al Tercer Mundo la misión de producir drogas: "(los directivos del FMI) *están al tanto. Hay una conspiración de silencio. Nadie pone en la contabilidad gubernamental o en la contabilidad del FMI exportación de drogas. Lo que se pone es exportaciones agrícolas. Esto es para encubrir una infinidad de pecados. Uno puede saber que el 90% de aquello son drogas, pero nadie usa esa palabra. Los bancos adelantan el dinero porque las ganancias de las inversiones son muy grandes, no es capital de riesgo".*

Un ejemplo de las palabras de Wills lo podemos ver en las reformas económicas impuestas por el FMI a Bolivia a mediados de los 80. Jeffrey Sachs, economista de Harvard y del FMI, y uno de los gurús del sistema neoliberal capitalista impuesto por el FMI, llegó a Bolivia en 1985 con la misión de erradicar la inflación del país. Sachs terminó con la inflación, pero para ello acabó con buena parte de la economía productiva de la nación andina, abriendo las puertas a las mafias del narcotráfico que emplearon a los trabajadores sobrantes de las industrias. El número de empleados en la producción de la hoja de coca ascendió el 60%, llegando a los 700.000 bolivianos. El propio Sachs escribió en su ensayo *Bolivia 1952-1986*: *"Para conservar el equilibrio fiscal, el gobierno tuvo que emprender una batalla brutal para reducir la nómina de Conibol e YPFB. Aunque fiscalmente*

Jeffery Sachs

necesarios, los resultados fueron sorprendentes y ciertamente reflejan una tragedia social... Muchos de estos trabajadores están desempleados todavía, empleados parcialmente o se fueron a buscar trabajo en las regiones productoras de coca". ¿Es ésta la globalización capitalista que pretenden imponer el FMI, el Banco Mundial y los grandes intereses financieros?

EIR también profundizó en uno de los grandes escándalos bancarios de los últimos tiempos, el del Citicorp, acusado en múltiples ocasiones de estar involucrado en el lavado de dinero del tráfico de drogas. Según sus investigaciones, *"a comienzos de los años 90, Raúl Salinas de Gortari –hermano del entonces presidente de México– hizo una fortuna en el narcotráfico y lavó dinero con la ayuda del Citicorp, cuya división de banca privada le ayudó a abrir cuentas bancarias en Suiza. En ese tiempo el ya quebrado Citicorp era dirigido en secreto por la Reserva Federal, que revisaba todas las grandes transacciones"*. La congresista estadounidense Maxine Waters, miembro del Comité Bancario de la Cámara de Representantes, hizo todo lo posible por evitar la fusión entre Citicorp y el Travelers Group. La congresista escribió: *"los investigadores suizos han encontrado pruebas creíbles de que Raúl Salinas actuó como intermediario para los capos de las drogas colombianos y mexicanos, lavando decenas de millones de dólares a través de las cuentas privadas de Citicorp"*.

A mediados de los 80, el prestigioso banco de inversiones de Wall Street E. F. Hutton fue sorprendido por las autoridades lavando dinero para la mafia. En 1985, Hutton se declaró culpable de 2.000 actos de fraude fiscal y telegráfico, siendo finalmente absorbido por el Shearson. El presidente del Hutton en esa época era Scott Pierce, hermano de Barbara Bush, la madre del actual presidente de Estados Unidos y esposa del entonces vicepresidente.

El 7 de febrero de 1985, el procurador general de Boston, William Weld, amigo de la familia Bush y nombrado para ese cargo por el entonces vicepresidente, anunció que había dado por concluida una investigación sobre varios funcionarios bancarios que habían lavado 1.200 millones de dólares del narcotráfico. En la trama estaban implicados algunos de los bancos más importantes del país. Los funcionarios del departamento internacional de uno de estos bancos, el Bank of Boston, fueron acusados de cometer 1.163 actos criminales. Sin embargo Weld aceptó cerrar el caso cuando el banco reconoció su culpabilidad sólo en una de las acusaciones. Gracias a su "importante" labor, a Weld se le recompensó con la dirección de la División Criminal del Departamento de Justicia de Washington. Meses después de este escándalo, *EIR* pudo averiguar que *"el*

director del departamento comercial del Bank of Boston en la época en la que se lava-
ron 1.200 millones de dólares era Ogden White Jr., primo de Weld, cuya familia
también estaba asociada con el clan Weld a través de la empresa familiar White Weld.
Esta empresa, a su vez, se había fusionado en 1974 con G. H. Walker y Compañía,
propiedad del tío y patrón financiero de Bush, George Herbert Walker".

Los narcotraficantes de la CIA

La CIA se vio envuelta en los años 80 en varios escándalos que la vinculaban con varias redes de tráfico de drogas. La finalidad de estas redes del
narcotráfico sería en última instancia una forma de financiar las guerras
secretas u operaciones negras que desarrollaba la agencia de inteligencia
por todo el mundo. Es curioso que las épocas en que la CIA está más acti-
va, llevando todo tipo de operaciones clandestinas, aumenta considerablemente el tráfico de drogas.

Durante la guerra el Vietnam, la CIA hizo llegar grandes cantidades de
heroína de la zona del sudeste asiático a las calles de Estados Unidos para
financiar sus operaciones secretas contra las guerrillas comunistas de Laos
y Camboya. Para ello se servía del Nugand-Hand Bank, entidad financiera
involucrada en infinidad de operaciones de lavado de dinero de las drogas,
algo que salió a la luz tras su quiebra en 1980. Un dato a tener en cuenta
es que uno de los abogados del Nugand-Hand Bank era William Colby,
quien más tarde sería nombrado director de la CIA.

En la guerra contra Afganistán, las tropas talibanes, apoyadas por la CIA
y el servicio secreto de Pakistán, el ISI, se dedicaban a poner en funcionamiento grandes plantaciones de opio cada vez que ocupaban una región en
su guerra contra los soviéticos. De esta forma, con la ayuda de la CIA, la
heroína podía llegar a Occidente para financiar a los talibanes de Osama
Bin Laden en su lucha contra el ejército ocupante de la URSS, que finalmente fue derrotado.

Sin embargo, cuando la opinión pública supo claramente de la vinculación de la CIA con el narcotráfico fue con la publicación de varias informaciones periodísticas que demostraban que la CIA ayudó a la llamada

"contra nicaragüense", que luchaba para derrotar al gobierno izquierdista instalado en Nicaragua, a traficar con drogas para financiar su guerra. Como consecuencia, las calles de Estados Unidos se llenaron de la droga más venenosa de cuantas existen: el "crack", que literalmente diezmó una generación entera de negros e hispanos en los barrios marginales estadounidenses.

Esta rocambolesca y terrible historia comienza el 19 de junio de 1979, con la llegada a California de Danilo Blandón Reyes, miembro de la burguesía nicaraguense y ex funcionario del régimen de Anastasio Somoza, el dictador derrocado por las fuerzas izquierdistas de los sandinistas. La misión de Blandón era recaudar fondos en Estados Unidos para financiar al ejército de la contra, por cierto, armado y entrenado por la CIA. Según un informe del Departamento de Libertad Condicional de los Estados Unidos, Blandón intentó recaudar fondos mediante la organización de fiestas y campañas de propaganda, pero como esto no le funcionaba, decidió introducirse en el negocio del narcotráfico. Blandón contaba con el

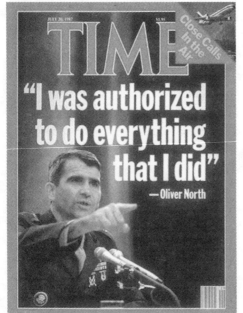

apoyo de Gustavo Medina, antiguo general somocista y su principal socio comercial, quien lo puso en contacto con Juan Norwin Meneses, investi-

Oliver North, agente secreto que trabajaba a las órdenes de George Bush padre. North era el principal responsable de las operaciones para armar y financiar a la contra nicaragüense. Para ello North y la CIA no dudaron en dedicarse al narcotráfico, introduciendo miles de toneladas de cocaína en Estados Unidos.

gado por la DEA (Departamento Estadounidense Antidrogas) por narcotráfico. Éste le presentó al ex coronel Enrique Bermúdez, el hombre elegido por la CIA para organizar el ejército de los contras. Meneses instruyó a Blandón en el "negocio", pero el mérito de este último fue desarrollar el "crack", un derivado de la cocaína que podía venderse a un precio menor que la coca, que por aquel entonces sólo podían permitírsela las clases pudientes. El mortal "crack" se convirtió así en la cocaína de los pobres.

El escándalo de los "narcontras" hizo que se pusiese en marcha un comité de investigación en el Senado estadounidense comandado por el senador John Kerry, oponente de Bush en las elecciones presidenciales. En las audiencias de dicho comité se documentó que el Departamento de Estado pagó 800.000 dólares a cuatro compañías de aviones de carga, dirigidas por conocidos narcos, para llevar armas a los contras y regresar con drogas. El comité senatorial concluyó que la administración Reagan *"demoró, paró o interfirió"* las investigaciones contra el tráfico de drogas que implicaban a la contra. La CIA consiguió mantener a la DEA alejada de estas operaciones y evitó que Aduanas inspeccionara estos vuelos. Informes de Aduanas dados a conocer en el Senado estadounidense mostraban que entre 1985 y 1986 unos 100 vuelos de la CIA aterrizaron en Estados Unidos sin ningún tipo de inspección.

Por otro lado, los fiscales especiales estadounidenses que investigaron el escándalo "Irán-contras"–la venta de armas a Irán cuyos beneficios se utilizaban para financiar a la contra– encontraron varias notas en los cuadernos intervenidos al coronel Oliver North –agente de la estadounidense NSA (Agencia de Seguridad Nacional) a las órdenes del entonces vicepresidente George Bush para coordinar las operaciones secretas de ayuda a la contra– en las que se ponía de manifiesto que la Casa Blanca sabía de las relaciones de la contra con el tráfico de drogas, las cuales terminaban en las calles norteamericanas. A pesar de que North destruyó decenas de archivos, los investigadores judiciales pudieron hacerse con algunos cuadernos. En uno de ellos North anotó: "(la Casa Blanca) *planea apropiarse de todo... Cuando el Supermercado llegue a un mal fin, $14M para financiar proce-*

dente de drogas". Supermercado aparentemente quería decir supermercado de armas que abastecía a la contra y $14M aparentemente significaba 14 millones de dólares. En otros pasajes leemos: *"DC-6 que se usa para los viajes a Nueva Orleans probablemente se usa para traer drogas a los Estados Unidos"*. En otro documento enviado a North y escrito por Robert Owen, agente de la CIA y encargado de suministrar aviones a la contra, aparece: *"Seguro sabes que el DC-4 que Foley usó, antes se usaba para transportar drogas"*.

En el *The New York Times* del 20 de enero de 1987 aparece la siguiente crónica sobre las audiencias de la comisión Kerry del Senado: *"(los pilotos de la contra) llevaban secretamente armas a los rebeldes y traían cocaína y otras drogas en su viaje de regreso a Estados Unidos', admitieron hoy funcionarios de la Administración. Cuando los miembros de la tripulación se enteraron de que la DEA estaba investigando sus actividades advirtieron que tenían protección de la Casa Blanca... 'El miembro de la tripulación utilizó el nombre del coronel North', dijeron funcionarios del gobierno... La preocupación oficial aumentó cuando se supo que el coronel North le dijo al FBI que dejara de investigar la compañía Southern Air Transport* —compañía aérea de la CIA utilizada para el narcotráfico. Nota del autor—. *Funcionarios de varias dependencias del gobierno dijeron que a comienzos del otoño pasado la oficina de la DEA en Guatemala tenía pruebas convincentes de que la operación de suministro a la contra estaba relacionada con el contrabando de cocaína y marihuana"*. En este sentido, una de las notas de los cuadernos de North decía: *"Se le informará a la DEA que no se meta"*.

Una investigación llevada a cabo por el Congreso de Costa Rica concluyó que *"ciertas autoridades norteamericanos han permitido el envío de cocaína a Estados Unidos por Costa Rica, con el objetivo de canalizar fondos ilegales a la contrarevolución nicaragüense"*. En 1990, el presidente costarricense Oscar Arias, en virtud de la investigación del Congreso, prohibió a Oliver North y otros agentes de los servicios de inteligencia estadounidenses entrar en el país.

En marzo de 1985, cuando decenas de aviones protegidos por la CIA aterrizaban en bases estadounidenses, North escribió en sus notas: *"VP molesto por el negocio de la droga"*. Sin duda, VP significaba vicepresidente, que en esa época era George Bush. Sin embargo, Bush afirma que no supo nada sobre el asunto hasta el año 1988. El 9 de enero de 1996 North escribió: *"Félix habla mucho sobre la conexión con VP"*. Félix era Félix Rodríguez, el agente de la CIA que capturó al "Che" Guevara en Bolivia. Rodríguez estaba considerado un hombre cercano a George Bush, para quien había llevado a cabo decenas de operaciones secretas. En 1985, cuando Reagan le encargó a Bush la coordinación de todas las operaciones secretas del gobierno mediante una orden presidencial conocida con el nombre de NSDD 159, Rodríguez comenzó a trabajar en el equipo de Bush.

En 1989 el piloto Mike Tolliver, antiguo contrabandista de drogas, aseguró en un reportaje de la *CBS* que fue reclutado por un tal señor Hernández para llevar armas a la contra. Tolliver cree que el tal Hernández era en realidad el agente Félix Rodríguez. Tolliver asegura que en marzo de 1986 pilotó un DC-6 lleno de armas y municiones del aeropuerto de Miami a una base aérea de la contra en Honduras, la cual era controlada por el Pentágono. Allí soldados de la contra descargaron las armas y Félix Rodríguez le pagó 70.000 dólares. A los tres días, Tolliver despegó en el mismo avión llevando casi 30.000 kilos de cocaína y aterrizó como *"vuelo militar extraoficial"* en la base aérea de Homestead, de la Fuerza Aérea, cerca de Miami. Tolliver dejó el avión en la pista de aterrizaje y se marchó de la base en un taxi.

El agente de la CIA Félix Rodríguez, miembro del equipo de Oliver North, fue el principal responsable de la captura del "Che" Guevara en Bolivia. En la imagen, Rodríguez disfrazado de soldado boliviano junto al "Che" recién capturado.

Por otro lado, Milián Rodríguez, que se dedicaba a lavar dinero del narcotráfico, testificó ante el comité Kerry que Félix Rodríguez le dio a lavar millones de dólares de decenas de compañías de Miami conectadas con el tráfico de drogas. *"Félix me llamaba y me daba instrucciones de a donde mandar el dinero"*, aseguró el narcolavador. Una de las personas que más dinero recibió fue Adolfo Calero, uno de los líderes de la contra y agente de la CIA. Milián también afirmó que Rodríguez le había ofrecido que *"a cambio de dinero para la causa de los contras usaría su influencia en las altas esferas para obtener la buena voluntad de los Estados Unidos... Francamente el tema que nos convenció es que podía hablar directamente con Bush... El tema de la buena voluntad no iba a someterse a veintisiete pasos burocráticos, era algo que se iba a tratar directamente entre él y Bush"*. Lo cierto es que los lazos de la familia Bush con las redes del narcotráfico siempre han dado mucho que hablar. En 1988 la agente del FBI Darlene Novinger descubrió una gran operación de tráfico de drogas que involucraba a una acaudalada familia libanesa que residía en Miami. Según reportó Novinger, en esta operación estaban involucrados el vicepresidente Bush y su hijo Jeb, actual gobernador del estado de Florida. Novinger encontró pistas que vinculaban a Bush padre con organizaciones encargadas de lavar dinero del narcotráfico que actuaban entre Canadá y Florida. Además, según sus pesquisas, los Bush habían sido objeto de chantajes por parte de narcos, los cuales podían demostrar su implicación en actividades criminales. Novinger logró infiltrarse en el círculo íntimo de uno de los grandes capos colombianos de la droga, Pablo Escobar Gaviria, gracias a lo cual supo que George Bush padre y su hijo Jeb habían viajado en un avión privado a Colombia. Por su parte, el periodista de investigación Terry Reed aseguró en su libro *Compromised: Clinton, Bush and the CIA* que la DEA posee un vídeo que muestra a George y Jeb Bush en un aeropuerto de Florida escogiendo un par de kilos de cocaína para una fiesta. En este sentido, pueden tener alguna relación con todo lo anterior las revelaciones del periodista J. H. Hatfield, quien escribió que varias fuentes judiciales le aseguraron que George Bush hijo fue detenido en 1972 por posesión de cocaína, pero su archivo judicial fue eliminado gracias a las influencias de su padre.

Siguiendo con el caso de los "narcontras", el ex narcotraficante George Morales declaró ante el comité Kerry del Senado estadounidense que la CIA construyó una pista de aterrizaje en Costa Rica, en el rancho del ciudadano estadounidense John Hull. El comité Kerry averiguó que en 1985 un fiscal federal de Miami cerró una investigación por narcotráfico en el rancho de Hull porque *"el gobierno lo estaba protegiendo"*. Morales comandaba una red de pilotos que llevaban cargamentos de armas para la contra

al rancho de Hull y regresaban a Estados Unidos, bajo la protección de la CIA, con miles de kilos de cocaína. Gary Betzner, uno de los pilotos de Morales declaró: *"Pasé de contrabando grandes cantidades de sustancias ilegales, pero a cambio también pasé de contrabando armas, a sabiendas de la DEA y la CIA y con su ayuda"*. Sobre esta cuestión, Michael Levine, agente de la DEA durante 25 años, declaró al periódico *The Angeles Times* que *"investigaciones de alto nivel sobre narcotráfico fueron destruidas porque la CIA intervenía para proteger a los*

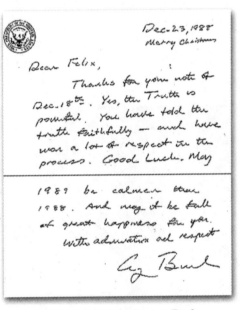

Carta personal de George Bush a Félix Rodríguez.

narcotraficantes en nombre de la seguridad nacional". Así no es de extrañar que en 1983, cuando estaban creciendo las operaciones de ayuda a la contra en Honduras, la DEA cerró sus oficinas en el país. Celestino Castillo, en la época director de la DEA para Honduras, El Salvador y Costa Rica, dijo que informó a sus superiores sobre la existencia de la "red North". Castillo afirmó: *"En mis informes anoté los nombres de los traficantes y también el destino, trayectoria, número y fecha de cada vuelo. Cada semana centenares de vue-*

NARCOTRÁFICO, S. A.

165

los llevaban cocaína a los compradores y regresaban con dinero destinado a la gran lavadora de dinero del istmo de Panamá". Según Castillo, estas operaciones de narcotráfico tenían lugar en dos hangares de Ilopango, los cuales eran propiedad de la CIA y la NSA.

Durante el juicio contra el general Noriega en 1991, el narco colombiano Carlos Lehder, testigo de cargo, dijo que un funcionario del gobierno estadounidense le ofreció protección para sus "exportaciones" de cocaína a Estados Unidos si permitía que la red de ayuda a la contra utilizara una isla que poseía en las Bahamas.

El escándalo de la implicación de la CIA en el tráfico de drogas fue tal en Estados Unidos que el director de la CIA John Deutch se vio en la obligación de acudir a una reunión comunitaria celebrada en los locales socia-

John Kerry, contendiente por el Partido Demócrata a la presidencia de los Estados Unidos, fue en su época director de la comisión del Congreso encargada de investigar las implicaciones de la CIA y la administración Reagan en el apoyo a la contra nicaragüense y en el tráfico de drogas. En la foto, Kerry saludando a Daniel Ortega, líder del gobierno izquierdista de Nicaragua que la CIA y la contra pretendían derrocar.

les de uno de los barrios más deprimidos de Los Angeles, donde el "crack" había hecho estragos. Durante horas Deutch tuvo que escuchar las recriminaciones de varios líderes de la comunidad negra y de afectados por el "crack". A modo de autoreproche, Deutch sólo pudo prometer a los presentes que un inspector general de la CIA investigaría los hechos.

Los comunistas también trafican

Según afirman algunos informes de inteligencia occidentales, la antigua URSS intervino en el negocio del tráfico de armas y drogas a través de una empresa propiedad de Bulgaria, uno de sus países títeres. Dicha empresa, conocida con el nombre de Kintex, llamó la atención por primera vez a los investigadores judiciales de Estados Unidos gracias a una serie de artículos publicados por el diario *Newsday* bajo el título de *La pista de la heroína*. Desde entonces, Kintex fue objeto de varias investigaciones oficiales por el

En el mapa puntos de transbordo de los cargamentos de cocaína que los pilotos de la CIA introducían en Estados Unidos.

Congreso de Estados Unidos, pero ninguna pudo llegar a buen puerto por las trabas impuestas por el gobierno búlgaro.

A finales de los 70, los servicios secretos estadounidenses averiguaron que el libanés Camille Chamoun era uno de los principales contactos de la firma búlgara Kintex en Oriente Medio. Chamoun era el jefe de un poderoso grupo paramilitar y uno de los mayores compradores de armas de contrabando. Según informes de inteligencia también se dedicaba a la protección de los medios de transporte del opio que salía de la zona de la Media Luna Dorada. La revista *EIR* accedió a varios informes secretos que mostraban que *"los múltiples lazos de Chamoun con el KGB pasan por el banco Narodni de Moscú, un antiguo banco mercantil ruso fundado por los zares en Londres en 1915 y devuelto al gobierno soviético unos años después de la revolución, por acuerdo especial con el gobierno británico. El Narodni de Moscú había obtenido el 5 % de las acciones de Intrabank, un antiguo banco de dinero sucio, el equivalente árabe del Investors Overseas Service (IOS) de Bernie Cornfeld. El turco Ad*ian

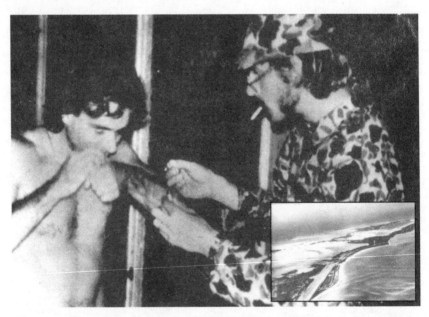

El narcotraficante Carlos Lehder comprobando la calidad de la droga que le ofrece un compañero. Lehder testificó ante la Comisión Kerry del Congreso que la CIA le ofreció inmunidad para sus negocios de drogas a cambio de que les dejara utilizar una isla de su posesión que tenía en las Bahamas, cerca de la costa de Florida. La agencia de espionaje quería que la isla de Lehder fuera otro punto de paso para la cocaína que esos años inundó las calles estadounidenses.
En detalle: vista de la isla de Lehder en las Bahamas.

John Deutch, cuando era director de la CIA, tuvo que acudir a una reunión con líderes de organizaciones en defensa de los afectados por las drogas ante las evidencias que vinculaban a la CIA con el narcotráfico.

Kashoggi, agente financiero del tráfico de armas, estuvo involucrado también con el Intrabank por varios conductos, entre ellos su participación en la supuesta liquidación del Intrabank, una simple reorganización que, como en el caso análogo del IOS, simplemente le dio al banco una forma diferente... Por lo tanto el banco Narodni, de Moscú, ciento por ciento propiedad del gobierno soviético, poseía el 5% de una entidad entre cuyos haberes figuraba el Casino du Liban, casa de juego frecuentada por opulentos jeques petroleros árabes del Golfo Pérsico; la Middle East Airlines, que era por entonces el principal transportador aéreo de la región; secciones del aeropuerto de Beirut, el más importante refugio de contrabandistas del Mediterráneo; la cadena nacional de televisión del Líbano; un astillero en el puerto de Marsella, sede de la conexión francesa –con el tráfico de drogas–; bienes raíces en Ginebra y París; y el más grande negocio de comercio y contrabando de metales preciosos en la región, con sucursales desde el Golfo Pérsico hasta Sierra Leona, en la costa occidental africana".

Según los periodistas que escribieron *La pista de la heroína*, los dueños de Intrabank eran los jefes de las mafias que intercambiaban armas por drogas en Oriente Medio. El presidente del comité ejecutivo de Intrabank hasta su reorganización en 1967 era el jeque Suleimán Bey-al-Hamad Syleman, anterior ministro de Hacienda de Arabia Saudita y según los periodistas de *Newsday*, *"el representante del mundo árabe en la compra de armas de la compañía francesa de armas del industrial Gilbert Beaujolin y su socio el coronel Roger Barberot"*. Uno de los socios de Suleimán y de Yussef Beidas, fundador de Intrabank, era Samih Khoury, según *EIR* un financiero y contrabandista cuyas bases de operaciones se situaban en Beirut y Alepo… En los años 40, Khoury servía de intermediario en la ruta de contrabando Turquía-Marsella.

"Algunos (soldados norteamericanos en Vietnam) *empiezan a probar el opio. Y nosotros les ayudamos… ¿Se acuerda cuando Occidente nos impuso el opio? Nos atacaron con opio y nosotros vamos a combatirlos con sus propias armas… El efecto que esta desmoralización tendrá en Estados Unidos será muchísimo mayor que lo que cualquiera alcance a imaginarse"*. Estas palabras, pronunciadas en 1965 por el entonces primer ministro chino Chou-en-Lai en una conversación que mantuvo con el presidente egipcio Gamal Abdel Nasser, demuestran que ya desde esa época el gobierno chino pretendía utilizar el tráfico de drogas como arma de guerra contra Estados Unidos. Los servicios de inteligencia chinos utilizaban Hong Kong como puerto de embarque para sus "exportaciones" de opio. Además, también se servían de los bancos de la entonces colonia británica para lavar el dinero obtenido del narcotráfico.

El periodista Richard Daecon, autor del libro *The chinese secret service*, afirma en su obra que cuando las operaciones chinas de contrabando de estupefacientes se encontraban en su punto más álgido, el servicio de inteligencia de China obtenía a sus principales agentes a través del Sindicato de Marineros de China en Hong Kong. Este sindicato fue el encargado de llevar a Estados Unidos un gran cargamento de heroína en 1973 que finalmente acabó siendo capturando por la policía de Nueva York. Daecon también asegura que *"fuentes italianas, diplomáticas y de otro tipo, confirman que el tráfico de heroína entre Hong Kong y Europa lo dirigen magistralmente los agentes secretos chinos. Incluso se sospecha que puede haber tratos secretos entre los chinos y la mafia para distribuir las drogas"*.

Esta situación tampoco era nueva para las autoridades policiales estadounidenses. Desde principios de los 50 ya sabían que Hong Kong era el principal mercado de la heroína producida en la China roja. En este sentido, Harry Anslinger, jefe de la Oficina de Estupefacientes de Estados

Unidos a principios de los 60, dijo: *"Hong Kong ha sido un mercado primordial para el narcotráfico de la China comunista... La heroína que se obtiene de las amapolas cultivadas en China y se refina en laboratorios chinos pasa de contrabando a Hong Kong, desde donde se manda en cargueros o aviones a Malasia, Macao, Filipinas, las islas Hawai, Estados Unidos, o hacía Egipto, India, África y Europa. Un blanco primordial en Estados Unidos es California. Sólo el área de Los Ángeles recibía probablemente el 40% del contrabando de heroína y morfina de fabricación china. La gente de la mafia no tiene reparos en tratar con los comunistas mientras las ganancias en dólares sean jugosas".*

Por otro lado, en un informe elaborado por el Senado norteamericano en 1972 bajo el título de *El tráfico internacional de drogas y su impacto en la seguridad de Estados Unidos* podemos leer: *"Los archivos policiales en relación al tráfico de opio en la China roja por Hong Kong son muy amplios. Hasta la policía británica y la de Hong Kong han tenido en ocasiones que admitir los hechos. Scotland Yard le atribuyó a los embarques chinos vía Hong Kong la enorme cantidad de heroína capturada en 1969 en un barrio elegante de Londres. El 15 de octubre de 1970, Shih Tieh-pi, jefe de la Oficina de Estupefacientes de Hong Kong, notoriamente corrupta, dijo en conferencia de prensa que a lo largo de 1969 su gente había confiscado 10.500 libras de opio crudo, 320 libras de heroína y 250 libras de morfina, todo ello de origen chino. Estas cifras no tienen comparación con el mayor cargamento de heroína capturado por Estados Unidos: el célebre desmantelamiento de la llamada 'conexión francesa', en el que se confiscaron apenas 100 kilogramos. Sin poder comprobar la calidad de la heroína capturada o la veracidad de las palabras de Shih Tieh-pi es difícil hacer comparaciones. Pero si la heroína decomisada, tan cerca de su lugar de origen, era muy pura, lo cual es más que probable, y se aplica la regla práctica de que la policía captura más o menos la décima parte de la droga que se embarca, entonces en 1969 pasaron por Hong Kong 3.200 libras de heroína. Esto es más o menos lo que los drogadictos estadounidenses consumieron en 1969".*

Un informe de inteligencia elaborado por la CIA mencionaba en 1964 la construcción por parte de la República Popular de China de un campo de aterrizaje al norte de Laos, cerca de la frontera china. Un avión espía norteamericano tomó varias fotografías del aeródromo. En las instantáneas se veían varios soldados chinos llevando carretillas. Los analistas de la CIA concluyeron que los chinos pretendían unir el campo de aterrizaje con una carretera que estaban construyendo en la provincia de Yunán, al norte de Laos, probablemente con la finalidad de embarcar cargamentos de opio desde Yunán.

A finales de los 70, varios periodistas recibieron informaciones que apuntaban a que varios partidos comunistas del sudeste asiático estaban recibiendo drogas del servicio secreto chino para financiar sus actividades. Estas revelaciones se venían a unir a una serie de sucesos que también apuntaban hacia esta dirección. Por ejemplo, en 1972 las autoridades indonesias arrestaron a un miembro del Partido Comunista Chino que transportaba 30 kilos de heroína, cuyo valor en la calle sería superior a los 60 millones de dólares. Los investigadores policiales llegaron a la conclusión, tras interrogar al narcotraficante, que su objetivo era financiar con la droga al Partido Comunista de Indonesia. Otros hechos similares se produjeron en esta época, además de la llamativa circunstancia de que Chin Sophonpanich, director del Bangkok Bank envuelto en varios casos de lavado de dinero, tuviera que escapar de su país, Tailandia, tras ser acusado de fraude, refugiándose en China.

El presidente chino Chou-en-Lai le confesó al presidente egipcio Nasser que China estaba utilizando el opio como arma de guerra contra Occidente. En la imagen Chou-en-Lai junto a Richard Nixon.

"Un vaso medio vacío de vino es también uno medio lleno,
pero una mentira a medias, de ningún modo es una media verdad".

Jean Cocteau. Escritor.

Capítulo 8

Terroristas... depende para quién

Cómo los servicios secretos manipulan y crean grupos terroristas por todo el planeta

Detrás de las acciones de muchos grupos terroristas no es difícil ver la mano de determinados servicios de inteligencia. Y es que el terrorismo siempre ha sido instrumentalizado por diferentes países o centros de poder para obtener beneficios políticos o económicos.

HACE ALGUNOS AÑOS CAYÓ EN MIS MANOS un voluminoso informe elaborado por expertos en terrorismo internacional del servicio secreto español. En dicho dossier se analizan y desmenuzan las tácticas, ideologías, relaciones, apoyos, armas y recursos de todo tipo de organizaciones terroristas repartidas por el planeta. La conclusión para cualquiera que lea atentamente estos folios es clara: el terrorismo no es producto de bandas de lunáticos que deciden matar por "vaya usted a saber" qué finalidades. Al contrario, los movimientos terroristas en muchos casos nacen o son financiados por los servicios secretos de distintos países con las más variadas finalidades políticas, económicas o estratégicas. En otras palabras, el terrorismo se ha utilizado desde siempre para desestabilizar a naciones o fuerzas enemigas. La antigua URSS dirigió, creó y entrenó a infinidad de grupos terroristas para que actuasen contra los intereses de occidente. Estados Unidos no le fue a la zaga. En Fort Benning (Georgia) funciona desde 1946 un centro de entrenamiento militar conocido con el nombre de Escuela de las Américas. En este centro, el ejército norteamericano enseñó toda clase de técnicas de lucha y militares a miles de terroristas latinoamericanos de extrema derecha: asesinatos, torturas, manejo de explosivos, guerra de guerrillas, guerra psicológica... Una vez que tenían bien aprendida la lección, estos futuros adalides del terror desembarcaban en sus respectivos países bajo la vigilancia de la CIA para controlar el "patio trasero" de Estados Unidos. Líderes de los Escuadrones de la Muerte y algunos de los dictadores más sanguinarios de Latinoamérica fueron moldeados por los servicios secretos estadounidenses en la Escuela de las Américas. Sus alumnos fueron los responsables de centenares de miles de muertes y de años de represión y torturas.

En definitiva, lo que pretendemos en este capítulo es mostrar la historia del terrorismo internacional que nadie se atreve a contar; que jamás se emitirá en un informativo de máxima audiencia; que nunca llegará a oídos del gran público. Desde luego lo que expondremos a continuación es simplemente un botón de muestra. Y es que sobre esta cuestión se podrían escribir varios tomos y todavía nos quedaríamos cortos. Por lo tanto, lo que leerán a continuación es simplemente una mirada al "maravilloso" mundo del terror internacional... Que ustedes lo aborrezcan.

La escuela de terrorismo de Estados Unidos

AUNQUE HACE ALGUNOS AÑOS EL EJÉRCITO NORTEAMERICANO decidió cambiarle el nombre debido al infausto recuerdo que arrastraba el nombre de Escuela de las Américas, lo cierto es que el centro militar de Fort Benning todavía es conocido así. No hace demasiado su nombre volvió a sonar con fuerza en los medios de comunicación más importantes del mundo. Uno de los alumnos más aplicados de la Escuela de las Américas, el coronel guatemalteco Byron Lima Estrada, fue detenido por el asesinato del obispo Juan Geraldi en el año 1998. Geraldi se afanaba por redactar junto a sus colaboradores un informe sobre las atrocidades cometidas por el D-2, la agencia de inteligencia de Guatemala, dirigida por Lima Estrada y otros dos alumnos de la Escuela de las Américas donde, por cierto, también se formaron casi la mitad de los ministros de las sanguinarias dictaduras guatemaltecas.

En 1993, la comisión de la ONU para la verdad sobre los crímenes cometidos por los militares en El Salvador identificó a los oficiales responsables de las mayores atrocidades. Casi todos se formaron en la Escuela de las Américas. También pasaron por el famoso centro de entrenamiento los dirigentes de la policía secreta de Pinochet y los dictadores Roberto Viola y Leopoldo Galtieri en Argentina; Manuel Noriega y Omar Torrijos en Panamá; el peruano Juan Velasco Alvarado y el ecuatoriano Guillermo Rodríguez.

En 1996, gracias a los esfuerzos de asociaciones defensoras de los derechos civiles, el gobierno estadounidense fue obligado a dar a conocer algunos de los manuales que se empleaban en la Escuela de las Américas. Entre otros consejos para terroristas, en estos manuales se recomendaba la utilización del chantaje, la tortura, la detención y la ejecución de parientes de los testigos. Años después, La Cámara de Representantes votó por cerrarla, para luego abrirla con otro nombre.

Informes desclasificados de la CIA, del orden de unos 12.000, muestran a las claras que los sanguinarios Escuadrones de la Muerte de El Salvador contaron con el apoyo de la agencia de inteligencia estadounidense. Informes recibidos por los presidentes Ronald Reagan y George Bush padre demostraban que el ejército salvadoreño apoyaba a los Escuadrones de la Muerte, pero aún así, El Salvador siguió recibiendo miles de millones de dólares procedentes de Estados Unidos en ayuda militar. Dicho de otro modo, indirectamente Estados Unidos financiaban a los escuadrones. Los dólares llegaban al ejército salvadoreño, quien luego los utilizaba para financiar a los escuadrones.

Los informes de la CIA recibidos por Reagan y Bush padre, señalaban a ministros y generales salvadoreños como dirigentes de los escuadrones.

Roberto D´Aubuisson, líder de los Escuadrones de la Muerte, era, según se desprende de los documentos desclasificados, informante de la CIA. Mantuvo numerosos contactos con agentes de la CIA y también con diversos representantes estadounidenses como el embajador en El Salvador, o Jeane Kirkpatrick, la representante de Estados Unidos en la ONU. El líder de los Escuadrones, descrito en uno de los informes de la CIA como *"el principal secuaz de los terratenientes derechistas y coordinador de los escuadrones que asesinaron a miles de izquierdistas y*

El antiguo dictador panameño Manuel Antonio Noriega en prisión en los Estados Unidos. Noriega, peón de la CIA en Panamá y clave en el apoyo a la Contra nicaragüense, decidió no contar con Norteamérica en un determinado momento, lo que provocó que el ejército estadounidense invadiera el país, provocando centenares de víctimas civiles, y capturase al díscolo dictador.

sospechosos de simpatizar con la izquierda durante el año pasado" también era un asiduo de las celebraciones y fiestas que tenían lugar en la embajada de Estados Unidos.

Ralph W. McGehee, importante agente de la CIA en Latinoamérica durante los años 70 escribió en su libro *Engaños mortales: Mis veinticinco años en la CIA* que el entrenamiento recibido por los terroristas derechistas en la Escuela de las Américas superaba incluso a lo que pudiera idear el peor de los nazis. Según McGehee, la CIA entrenó, armó, financió y protegió a los Escuadrones de la muerte de El Salvador, Guatemala, Nicaragua, Corea del Sur, Irán, Chile y Uruguay. Según el ex agente, la agencia para la que trabajó *"organizó grupos terroristas para asesinar a políticos de izquierdas sin implicar a los gobiernos. Estos grupos incluyeron La Mano Blanca y Ojo por Ojo en Guatemala, La Banda en República Dominicana y El Escuadrón de la Muerte en Brasil… La CIA estuvo asociada a los Escuadrones de la Muerte. La estación de la CIA tuvo el control sobre las listas de los más importantes activistas de izquierdas. Entregó nombres de sus familiares y amigos. Mediante esta alianza, la CIA obtuvo y entregó—a los Escuadrones de la Muerte— nombres completos, fecha y lugar de nacimiento, nombre de los padres, direcciones, lugar de trabajo y fotografías"*. McGehee también afirma que en 1973, militares chilenos y agentes de la CIA elaboraron una lista de unos 20.000 izquierdistas que debían ser asesinados. En esta lista se incluían *"periodistas marxistas, agentes del comunismo internacional, y también todas las personas que hubieran participado con algún grado de vigor en organizaciones vecinales, comunales u organizaciones nacionales. Se había pedido al Pentágono que autorizara a la CIA a dar a la Armada chilena listas de chilenos relacionados con los países socialistas"*.

Genocidio en Centroamérica

Sin medias tintas. No se puede calificar de otro modo lo ocurrido en Centroamérica durante las décadas 70 y 80 del pasado siglo. En Nicaragua la CIA se empeñó en una guerra terrorista contra el gobierno izquierdista de Daniel Ortega. La agencia de inteligencia organizó y financió a la contra, un grupo guerrillero y terrorista formado por antiguos miembros de la Guardia Nacional del ex dictador nicaragüense Anastasio Somoza. Helicópteros pilotados por miembros de la CIA proporcionaban suministros a la Contra y aviones de combate salvadoreños y hondureños bombardeaban centros neurálgicos de Nicaragua gracias a las informaciones facilitadas por la CIA.

La Contra practicaba la guerra total. Asesinaban a cualquier persona que tuviera relación con el gobierno sandinista de Ortega o que simplemente simpatizase con sus principios. En unas declaraciones, Arturo Cruz, uno de los líderes de la Contra, reconoció que habían realizado *"atrocidades detestables"* contra civiles. Cruz advirtió que una victoria de la Contra podría conducir a *"una posible ejecución en masa de la flor de nuestra juventud"*.

Como la mayor parte de los dirigentes de la Contra habían pertenecido a la Guardia Nacional de Somoza, la CIA decidió elegir como líder de los guerrilleros a un hombre "limpio". El elegido fue Edgar Chamorro, conocido opositor al gobierno de Ortega. Años después, Chamorro se arrepentiría de participar como peón de la CIA en esta guerra terrorista contra la población civil. En 1982, Chamorro afirmó: *"Los Contras podían llegar a una población indefensa, reunir a todos los habitantes en la plaza del pueblo y proceder a continuación a asesinar —en presencia de todo el mundo a todas las personas que trabajasen para el gobierno nicaragüense, incluyendo policías, miembros de la milicia local, miembros del partido, personal sanitario, maestros y granjeros"*. Estas acciones se llevaban a cabo según Chamorro para *"persuadir a quienes conservaban la vida a que se unieran a las fuerzas de la Contra"*. El antiguo líder de los terroristas también afirma que la CIA les recomendó *"asesinar, raptar, robar y torturar"*.

En un momento determinado, la CIA le encargó a Chamorro que eligiera a algún miembro de la Contra que destacara por sus acciones, para hacer de él un líder guerrillero al estilo del "Che" Guevara. El elegido era conocido entre la tropa con el sobrenombre de "El suicida". Tenía el inconveniente de que había sido guardia somocista, pero de todos modos se arreglaron algunas entrevistas con el nuevo héroe de periodistas de *Newsweek* o *The Washington Post*. Finalmente comenzaron a aflorar las atrocidades cometidas por "El suicida" gracias a la labor de algunos periodistas independientes, por lo que la propia Contra se vio en la obligación de ejecutarlo para aparentar su preocupación por los derechos humanos en una burda operación de lavado de cara.

Por otro lado, diversos documentos muestran que diferentes empresas y fundaciones libres de impuestos vinculadas a los servicios de inteligencia norteamericanos financiaron abundantemente a la Contra. En un solo año, la Contra recibió varias decenas de millones de dólares procedentes del Consejo Americano para la Libertad del Mundo, en realidad una tapadera de la CIA comandada por el general ultraderechista retirado John Singlaub.

En Guatemala, el gobierno de Estados Unidos apoyó de forma descarada al gobierno de Ríos Montt, en cuyo mandato fueron asesinados decenas de miles de civiles. Ronald Reagan defendió denodadamente a Montt, quien en una comparacencia televisiva llegó a afirmar textualmente:

Cartel contra el ex dictador guatemalteco Ríos Montt, responsable de sanguinarias matanzas y protegido de la CIA.

"Hemos declarado el estado de sitio para que podamos asesinar legalmente". Ante las quejas de asociaciones de derechos civiles y algunos medios de prensa estadounidenses, Stephen Bosworth, del Departamento de Estado, se vio obligado a dar explicaciones ante el Congreso: *"Lo que hemos podido comprobar durante los últimos cuatro meses, si bien no es perfecto del todo, pone de manifiesto el compromiso del nuevo gobierno con un cambio positivo y una nueva oportunidad para Guatemala"*. Cuando, tras otro golpe de estado, el general Mejía Víctores se hizo con el poder expulsando a Ríos Montt, el Departamento de Estado llegó a la conclusión de que el régimen de Montt había cometido importantes crímenes contra los derechos humanos. Sin embargo siguió protegiendo al dictador Mejía Víctores, también responsable de la existencia de escuadrones de la muerte.

Pero los servicios secretos estadounidenses tuvieron que hacer frente durante los años 80 a unas duras restricciones del Congreso en cuanto al envío de armas y ayudas militares a países con graves delitos contra la población civil. Diferentes informaciones periodísticas hacían muy complicado que el Congreso siguiera prestando ayuda a regímenes terroristas y asesinos en América Central. Sin embargo, la CIA pronto halló la solución para evadir este control. El gobierno de Estados Unidos debía aumentar la ayuda militar a Israel, lo que en el fondo no era más que vender más armas a Israel, que luego eran vendidas a los regímenes centroamericanos a los que el gobierno de Estados Unidos no podía ayudar directamente debido a las restricciones impuestas por el Congreso.

El corresponsal del *Jerusalem Post*, refiriéndose a las críticas a Israel por la venta de armas a regímenes latinoamericanos no democráticos, escribió: *"Los oficiales israelíes contrarrestan las críticas señalando que la mayoría de las ventas contaban con las bendiciones de la administración Reagan, ya que el Congreso frustraba con frecuencia sus ventas de armas a esos países. Así pues, Israel podía aducir con toda legitimidad que estaba haciendo el trabajo sucio de Norteamérica, con lo cual obtenía pingües beneficios"*.

Lo anterior tenía lugar mientras el gobierno de Ríos Montt seguía con su escalada criminal. En 1982, Amnistía Internacional informó que durante las masacres *"el gobierno destruyó pueblos enteros, torturó y mutiló a sus pobladores y realizó ejecuciones masivas"*, y cita el ejemplo de un pueblo en el que las tropas *"forzaron a todos los habitantes a entrar en el juzgado, violaron a las mujeres, decapitaron a los hombres, y golpearon a los niños contra las rocas de un río cercano hasta que murieron"*. Por su parte, Survival Internacional, una organización dedicada a la defensa de los pueblos indígenas, recogió el testimonio de decenas de refugiados guatemaltecos en México que narraron como se asesinó a mujeres embarazadas y niños y se quemó vivas a varias personas. Así los supervivientes de la masacre de la Finca San Francisco explicaron como más de 300 personas fueron violadas, tiroteadas, quemadas, cortadas a machetazos o desventradas. De este modo narra uno de los supervivientes una de las escenas que le tocó presenciar: *"Finalmente sacaron al último niño. Era un niño pequeño, tal vez de unos dos o tres años. Le apuñalaron y le sacaron el estómago. El pequeño gritaba, pues aún no estaba muerto, y el soldado agarró un palo grueso y pesado y le aporreó la cabeza. Le cogieron por los dos pies y le estrellaron contra un árbol. Lo tiraron contra el suelo y le cortaron la cabeza. Cogieron los pedazos y los tiraron dentro de la casa"*.

Según confesó el administrador de la Iglesia Católica de la ciudad guatemalteca de Quiché al *Wall Street Journal* sólo en esa provincia habían sido asesinados unos 20.000 indios. Incluso la conservadora Conferencia Episcopal de Guatemala describió lo sucedido durante esos terribles años en el país como un genocidio en toda regla.

La caída del dictador Somoza en Nicaragua en el año 1979 hizo que Estados Unidos se temieran que ocurriera algo similar en El Salvador, en donde florecían con facilidad organizaciones civiles y sindicatos que estaban organizando a la sociedad civil en busca de mejoras laborales, educativas, sanitarias y sociales. La administración Carter reaccionó rápidamente apoyando un golpe de estado dirigido por militares reformistas que finalmente se hizo con el poder. Sin embargo, con el paso del tiempo, aumentaron todavía más la represión y los asesinatos de civiles, mientras el gobierno estadounidense miraba hacía otro lado.

Roberto Santiváñez, ex director de los servicios secretos salvadoreños, ratificó en varias ocasiones las relaciones entre los militares salvadoreños, la CIA, la Contra nicaragüense y algunos partidos ultraderechistas formados por terroristas entrenados por la CIA.

Amnistía Internacional recopiló algunas de las atrocidades cometidas por los militares salvadoreños sobre la población civil. La mayor de todas las matanzas de las que se tengan noticia tuvo lugar en Río Sumpul, donde miles de campesinos que huían hacía Honduras fueron atacados por el ejército y grupos paramilitares. Allí se violó, torturó, se lanzaron recién nacidos al aire para utilizarlos como blancos de prácticas de tiro, se mató a machetazos a niños cuyos restos acabaron como comida para perros, etc. Por lo menos 600 cuerpos fueron pasto de las aves rapaces, mientras otros muchos se perdieron para siempre entre las aguas del río, que quedó contaminado debido a la gran cantidad de cadáveres y restos humanos que flotaban en sus aguas.

Guerra terrorista contra Cuba

EN NOVIEMBRE DEL AÑO 2000, durante la celebración en Panamá de la X Cumbre Iberoamericana, Fidel Castro anunció públicamente la existencia de un complot para asesinarlo, dirigido por el conocido terrorista ultraderechista y agente de la CIA Luis Posada Carriles. Posada Carriles contaba con el apoyo de otros tres individuos: Guillermo Novo Sampoll, Pedro Remón y Gaspar Jiménez Escobedo, todos ellos implicados en otros asesinatos a líderes izquierdistas.

Carriles y compañía volaron a Panamá con documentación falsa, transportando 18 libras de explosivo plástico C-4. Una vez en el país, y gracias al apoyo de algunos miembros de la ultraderecha panameña, recorrieron aquellos lugares que serían visitados por el dictador cubano, y se alojaron en un discreto hotel llamado Ciudad de Panamá a la espera de la llegada de la delegación cubana. Pensaban colocar los explosivos en el paraninfo de la Universidad de Panamá, donde Castro tenía previsto dar una conferencia a los estudiantes. Lo terrible del asunto es que los terroristas tenían suficientes explosivos como para volar totalmente el paraninfo, lo que hubiera supuesto la muerte no sólo de Castro, sino de cientos estudiantes panameños.

Los terroristas acabaron detenidos por las autoridades panameñas, las cuales fueron avisadas por los servicios secretos cubanos de lo que iba a suceder, tras varias semanas siguiendo a Carriles y sus compinches. La inteligencia cubana incluso filmó los paseos de los terroristas con el fin de localizar el mejor emplazamiento para acabar con Castro.

Carriles es un viejo conocido de los servicios secretos cubanos, que a pesar de no contar con excesivos medios tienen una merecida fama de eficacia en sus operaciones. No en vano el ultraderechista es uno de los responsables, según las autoridades cubanas, de la voladura de un avión de Cubana de Aviación junto a su amigo Orlando Bosch. Este último permaneció en prisión durante diez años en Estados Unidos acusado de realizar un ataque terrorista a un buque polaco y por haber enviado amenazas de destruir aviones y barcos a los gobiernos de España,

El agente de la CIA y anticastrista declarado Luis Posada Carriles intentó matar a Fidel Castro en múltiples ocasiones. El gobierno cubano lo acusa de estar también implicado en el atentado contra un avión de Cubana de Aviación en el que fallecieron decenas de personas.

México y Reino Unido. En 1972 obtuvo la libertad condicional, momento en el que aprovechó para huir de Estados Unidos. En 1976 fue uno de los organizadores y ejecutores del atentado contra el avión cubano. En 1988 regresó a Estados Unidos donde fue detenido, y el Departamento de Justicia emitió una orden de deportación basada en un documento del procurador general adjunto norteamericano que decía que Estados Unidos disponía de *"información que indicaba que la detonación de una bomba, el 6 de octubre de 1976, en un avión de línea cubano, había sido una operación de la*

Acto de recuerdo a los fallecidos en el atentado al avión cubano.

CORU dirigida por Bosch". Esta decisión, respaldada por la Corte de Miami, fue modificada por el gobierno de Estados Unidos gracias a las presiones de George Bush, concediéndosele la libertad y residencia en el país. Según informaciones publicadas por el *Boston Globe* y *The New York Times*, el lobby del senador Connie Mack, la congresista Ileana Ross y Jeb Bush, hermano del actual presidente y gobernador del estado de Florida, realizó enormes presiones para que la justicia y la prensa estadounidense olvidara el pasado terrorista de Bosch.

El otro implicado, Luis Posada Carriles, fue entrenado por la CIA en guerra de guerrillas. En su época creó un campo de entrenamiento militar para anticastristas quienes, bajo la dirección de la CIA, desarrollarían después todo tipo de operaciones terroristas contra la población cubana. Posada Carriles ha estado implicado en la colocación de una bomba en la Misión de Cuba ante las Naciones Unidas y en la oleada de explosiones que se produjeron a finales de los años 90 en hoteles cubanos según diversas informaciones periodísticas. En esa época el que esto escribe acababa de aterrizar en la isla caribeña, y enseguida me percaté de que en los hoteles, en las calles y en cualquier lugar turístico había enormes medidas de seguridad, sin contar los cientos de policías secretos que pululaban por los hoteles y otros recintos haciéndose pasar por turistas o inocentes ciudadanos.

Posada Carriles acabó en una cárcel de Venezuela mientras se le juzgaba por su implicación en la voladura del avión cubano. No tardó mucho en ser rescatado de la prisión por el agente de la CIA Félix Rodríguez, uno de los responsables de la captura y posterior ejecución del Che Guevara. El propio Rodríguez reconoció su participación en la operación de fuga de Carriles en una audiencia celebrada en el Senado de Estados Unidos. Más tarde, Posada Carriles se incorporaría a las operaciones desarrolladas por Oliver North en Latinoamérica bajo la protección de Ronald Reagan y George Bush padre, entonces director de la CIA.

En 1998 *The New York Times* publicó numerosas informaciones que implicaban a la FNCA (Fundación Nacional Cubano Americana), la principal organización anticastrista de Estados Unidos, en la explosión de varias bombas en hoteles cubanos. Para ello, según *The New York Times*, la FNCA contaría con la colaboración de Posada Carriles y algunos mercenarios centroamericanos, quienes finalmente fueron capturados por la inteligencia cubana y posteriormente ejecutados. Durante la época de mayor

Fidel Castro mostrando la fotografía de Posada Carriles en su discurso de la X Cumbre Iberoamericana celebrada en Panamá. Posada Carriles y varios compinches fueron arrestados en el país centroamericano por las autoridades gracias a los servicios secretos cubanos, y se les acusó de intentar "volar" el Paraninfo de la Universidad de Panamá mientras Castro ofrecía una conferencia.

virulencia de las explosiones, la FNCA emitió un comunicado en el que la organización anticastrista reconocía que *"respaldaba sin ambages ni reparos… los incidentes de rebeldía interna que durante las últimas semanas vienen sacudiendo a los hoteles de la isla"*.

A principios de los años 60, la CIA desarrolló todo tipo de sabotajes y actos terroristas en el interior de la isla. Durante esos años, la inteligencia estadounidense se gastó casi 250 millones de dólares en adiestrar, armar y sostener económicamente a centenares de individuos implicados en los actos de sabotaje contra Cuba. El ex agente de la CIA Verner Lyon, que desarrolló operaciones de sabotaje en la isla caribeña, confesó que tenía la orden de dirigir sus acciones principalmente sobre la población civil, con la intención de que la situación se tornase insostenible, provocando revueltas y descontento entre los cubanos.

El 2 de febrero de 1962, en una reunión secreta de políticos y directivos de la CIA, el Pentágono y el Departamento de Defensa y Estado, se decidió comenzar la guerra secreta contra Cuba con doce "operaciones negras", no reconocidas abiertamente a los contribuyentes. Comenzaba la llamada Operación Mangosta. Se pretendía *"provocar, acosar o destruir el gobierno revolucionario cubano"*.

Las reuniones del grupo que comandaba estas operaciones contra la isla caribeña se producían semanalmente y estaban coordinadas por el teniente coronel James Patchell, perteneciente a la Oficina de la Secretaría de Defensa, quien pasaba puntualmente notas de las mismas al general Lansdale. Debido a la recuperación de esas notas, hoy en día sabemos que la Operación Mangosta se cerró antes de la crisis de los misiles de Cuba en octubre de 1962 y que incluso el presidente Kennedy canceló el 13 de Mayo de 1963, semanas antes de su asesinato, la ayuda económica secreta que la CIA proporcionaba a la oposición cubana en el exilio. Algunos expertos apuntan que esta fue una de las causas de su asesinato.

Uno de los puntos más importantes de la Operación Mangosta se centraba en la llamada guerra química contra Cuba. En 1961 y 1962 aviones de la CIA esparcieron sobre los cultivos de caña de azúcar algunos productos químicos que acabaron con las cosechas. A finales de la década de los 60, la CIA volvió a sabotear las cosechas de caña. En 1971 se produjo en la isla un brote de fiebre porcina, el primero que se producía en el hemisferio occidental. Como resultada de la epidemia, Cuba se vio obligada a sacrificar al completo a su población porcina, eliminando así las reservas de carne de cerdo, pilar de la dieta cubana. Cuando portavoces del gobierno de Cuba acusaron a la CIA de estar detrás de la epidemia, Estados Unidos lo negó tajantemente. Seis años después varios medios de comunicación estadounidenses publicaron las declaraciones de un agente de la CIA que afirmaba que había recibido la orden de entregar un contenedor sellado y sin etiqueta a un grupo anticastrista en esa misma época.

A principios de los 80 hizo su aparición en Cuba una virulenta variedad de la enfermedad del dengue. Casi 300.000 ciudadanos de la isla contrajeron la enfermedad y 158 murieron, de los cuales algo más de 100 eran niños. En el verano de 1982, un artículo de *Covert Action* describía detalla-

Anagrama del violento grupo anticastrista Omega 7. Uno de sus miembros reconoció que recibió varios tubos con virus para esparcir por Cuba.

damente los experimentos que estaba llevando a cabo el ejército norteamericano con el virus del dengue en el centro militar de armamento químico y biológico de Fort Detrick, en donde también se realizaban estudios sobre el mosquito *Aedes aegypt*, transmisor del dengue. El artículo antes mencionado señalaba que Cuba fue el único país caribeño que se vio afectado por esta enfermedad. Dos años después, Eduardo Víctor Arocena Pérez, líder del violento grupo anticastrista Omega 7, reconoció durante un juicio celebrado en Manhattan en el que fue sentenciado por el asesinato de un miembro de la misión diplomática cubana ante la ONU, que uno de los grupos que controlaba tuvo como misión *"introducir algunos gérmenes en Cuba para usarlos contra los soviéticos y la economía cubana, para empezar lo que se ha llamado una guerra química"*.

Masonería, bombas y servicios secretos

EL 12 DE DICIEMBRE DE 1969, A LAS 16:37 MINUTOS, una potente bomba hizo explosión en el "hall" del Banco de Agricultura de Milán, matando a dieciseis personas e hiriendo a ochenta y ocho más. Algunos minutos antes, una empleada del Banco Central de Italia había encontrado en los locales de la entidad un maletín con otra bomba, que afortunadamente no explotó. Veinte minutos más tarde, otra bomba explota en los subterráneos del Banco Nacional del Trabajo, en Roma, hiriendo a dieciseis personas. No tardó demasiado tiempo en producirse nuevas explosiones en la capital italiana, dejando cuatro heridos.

Enseguida la policía italiana comenzó a hacer indagaciones, recayendo la culpa de los atentados sobre algunos grupos anarquistas. Un buen número de sus locales fueron inspeccionados, y finalmente, ante la presión de la prensa y las autoridades que querían culpables sobre los que verter todo el odio acumulado en las jornadas anteriores, fueron detenidos algunos miembros de las células anarquistas 22 de Marzo y Bakunin. Sin embargo, su culpabilidad nunca quedó demostrada, y lo que es más grave, continuaron produciéndose atentados. El atentado más sangriento de esta convulsa época de la historia de Italia tuvo lugar en el mes de agosto de 1980. Varias explosiones en la estación ferroviaria de Bolonia causaron ochenta y cinco muertos.

Es también en este mismo año cuando los investigadores policiales y algunos periodistas se percatan de que estos salvajes episodios siempre tenían lugar en momentos claves de la política italiana y se utilizaban como excusa para recomponer fuerzas políticas o lograr que noticias de corrupción y escándalos políticos muy desestabilizadores pasaran a un segundo plano.

A finales de 1980, la magistratura italiana descubre una basta red de influencias y corrupción en la que estaban implicados varios generales y miembros de la logia masónica Propaganda 2 (P-2). El líder de esta peculiar logia era el "venerable maestro" Licio Gelli, uno de los hombres más poderosos de Italia gracias a su emporio empresarial. Dos años después pesaban sobre él ocho órdenes de busca y captura por un buen puñado de delitos, entre los que se encontraba el de ser el financiador de los atentados que asolaron Italia durante los años 70.

Las pesquisas de los jueces italianos sobre el atentado de Bolonia y otros anteriores condujo a los magistrados a una serie de nombres que siempre acababan apareciendo: Gianadelio Malett, Antonio Labruna y Stefano Viezzer, todos ellos miembros del SID, el servicio de inteligencia italiano, y de la logia P-2.

En marzo de 1981, la policía registra Villa Wanda, la residencia de Licio Gelli en Arazzo, y encuentran una lista con 900 afiliados a la P-2. Entre los nombres figuraba el de uno de los mejores amigos de Gelli: Andreotti, jefe del gobierno y ministro en múltiples ocasiones en sendos gobiernos. También aparecían en la lista importantes miembros del Ministerio de Justicia, incluyendo al ministro Adolfo Sarti, varios ex primeros ministros, 43 miembros del parlamento, 183

Licio Gelli, el jefe de la logia masónica P-2, a la que pertenecían la élite política, empresarial y militar de Italia. La P-2 se vio implicada en sangrientos actos terroristas.

altos oficiales del ejército –incluyendo 30 generales–, 19 jueces, innumerables banqueros, directores de periódicos y medios de comunicación, líderes de varios partidos políticos de derechas y de izquierdas, los directores de los tres principales servicios secretos de Italia… y entonces un desconocido personaje llamado Silvio Berlusconi, actual jefe del gobierno italiano. Todos estos hombres, según los documentos incautados, habían jurado ciega obediencia a Gelli.

Tina Anselmi, presidenta de la comisión parlamentaria que investigó la oleada de atentados entre los años 70 y 80, declaró que además de esos 900 nombres había otros 1.500 que nunca pudieron ser identificados. Dicha comisión llegó a la conclusión de que los atentados terroristas siempre beneficiaban a políticos y empresarios vinculados a la P-2.

Silvio Berlusconi también perteneció a la P-2.

En julio de 1990, la magistratura italiana incautó un dossier a Ennio Remondino, periodista de la televisión pública italiana (*RAI*). En los documentos figuraban las declaraciones de un agente de la CIA, Richard Brenneke. El informe apuntaba pruebas sobre las vinculaciones entre la CIA y la P-2 y explicaba cómo la agencia de espionaje estadounidense había financiado a la P-2, recibiendo a cambio la red de contactos de la logia en Europa, que la CIA utilizó para traficar con drogas con el fin de conseguir financiación para sus "operaciones negras". En el dossier se hablaba del escándalo Irán-Contra antes de que saliese en los medios de comunicación de todo el mundo. Pocos meses después del "affaire Remondino", otro agente de la CIA, Ibrahim Razim, confirmó que el primer ministro sueco Olof Palme fue asesinado por conocer este y otros hechos comprometedores para el tándem Bush-Reagan. Razim asegura que Gelli, el líder de la P-2, envió un telegrama desde Brasil a finales de 1986 en el que anunciaba la muerte de Palme. Iba dirigido a un alto cargo del Partido Republicano próximo a Bush y decía que le comunicara a "nuestro amigo" que *había que talar el árbol sueco*". Tres días después Palme fue asesinado. En este sentido, el juez Francesco Monastero estableció que la CIA llegó a entregar a la P-2 diez millones de dólares mensuales durante años.

Brenneke, el agente de la CIA cuyas declaraciones aparecieron en el dossier incautado al periodista de la RAI, confesó ante el juez que *"nos hemos servido de la P-2 para crear situaciones favorables a la explosión del terrorismo en Italia y en otros países europeos a principios de los años 70. La P-2 está todavía viva y sigue siendo empleada para la misma finalidad para la que fue utilizada en los años 70"*.

El 14 de mayo de 1995 fueron detenidos dos antiguos agentes del SID, el servicio secreto italiano, acusados de haber cometido perjurio en el proceso por el asesinato de Mino Pecorelli, director del semanario *Osservatore Politico*. Pecorelli había pertencido a la P-2 y su revista era financiada por el SID. En un momento determinado decidió hacer públicas escandalosas informaciones que conocía gracias a su antigua adscripción a la P-2. Pero sus antiguos correligionarios no lo iban a permitir, así que el periodista fue asesinado de un tiro el 20 de marzo de 1979. Según la fiscalía de Roma, el crimen fue encargado por Andreotti, primer ministro italiano y destacado miembro de la P-2 y la mafia. El "trabajo" fue ejecutado por sicarios de la mafia, tal como confesó el mafioso arrepentido Tommasso Buscetta.

Mino Pecoarelli fue asesinado tras anunciar que iba a destapar la implicación de la CIA y la P-2 en los atentados terroristas de Italia en los años 70.

El periodista Ernesto Milá estuvo vinculado en los años 70 a medios políticos y periodísticos relacionados con los más diversos intereses, lo que le permitió acceder de primera mano a las claves de lo sucedido en Italia durante esos convulsos años. Milá escribe lo siguiente: *"Ese año* (1973) *tuve que ir buscar a un amigo al aeropuerto de Barcelona por encargo de una organización a la que entonces yo pertenecía. Se trataba de Maurizio Giorgi, sobre quien recaía una orden de busca y captura en su país, por motivos políticos. Giorgi iba acompañado de un extraño personaje que le había provisto de un pasaporte falso. Llevé a Giorgi y a su misterioso acompañante al hotel Avenida Palace y al día siguiente al piso en donde tuvo lugar la reunión con Stefano della Chiae, dirigente político italiano exiliado. Durante la conversación –que fue grabada– el misterioso personaje propuso la realización de una serie de operaciones ilegales en Italia que serían cubiertas por el Servicio de Información de la Defensa (SID). Se incluían propuestas de desestabilización terrorista que fueron rechazadas. Nunca más volvería ver a este personaje, que luego supe que era el capitán Antonio Labruna, miembro del SID y de la P-2. Su nombre estuvo vinculado a las grandes masacres que desde 1969 asolaron Italia. Un año y medio después me entrevisté con Augusto Cauchi, en el restaurante Via Napoleone de Barcelona. Cauchi había huido de Italia con varias órdenes de busca y captura a sus espaldas que lo vinculaban a redes terroristas. Caucho me confirmó en 1974 que el grupo terrorista de la Toscana había sido financiado por 'los masones' de Arazzo –ciudad en la que vivía–. Cauchi ignoraba el nombre de la logia de la que había recibido fondos e indicaciones para cometer decenas de atentados. Desde el lujo de la mansión de Villa Wanda, Licio Gelli, el venerable de la P-2, dirigía en la sombra los hilos de la trama. Pocos días antes de estallar la bomba del* tren Italicus, Cauchi recibió la indicación de que desapareciera de la circulación. Plantó su tienda en la montaña y acampó en soledad. Al volver supo que alguien había atentado a pocos kilómetros de su ciudad contra el tren. Pocos días antes, un abogado de la P-2 le hizo saber que iba a ser arrestado y así pudo huir a España. Cauchi, autor de decenas de pequeños atentados, fue acusado del único que no había cometido y para el que no tenía coartada: el del Italicus. En 1990 sería finalmente absuelto. Licio Gelli por el contrario fue condenado a ocho años de prisión en calidad de financiador de los atentados. Finalmente en marzo de 1983, pude entrevistarme con el juez de Venecia Felice Casson. Juez de nueva generación, empezó a entrever desde 1980 que el terrorismo italiano, de derechas o de izquierdas, respondía a un único patrón. Su investigación sobre el SID le llevó a la P-2 y de ésta a la red Gladio, que parecía emerger tras los atentados. Casson había reunido pruebas suficientes sobre la existencia de esta red, compuesta por militares, financieros, mafiosos, políticos y clérigos. Altos oficiales de la OTAN eran captados para la masonería, militaban en la P-2 durante un tiempo y eran encuadrados luego en Gladio. En niveles más bajos, existían arsenales clandestinos de armas y explosivos a la disposición de grupos terroristas. Casson tenía como testigo privilegiado a Vicenzo Vinciguerra, condenado a doble cadena perpetua por la llamada masacre de Petano —dos policías muertos por coche bomba—. Vicinguerra, prófugo durante años, se entregó finalmente a la justicia italiana, después de haber hecho una investigación exhaustiva sobre el llamado 'terrorismo negro'. Facilitó a Casson los nombres de los agentes del SID que habían organizado y participado en dichos atentados y de los militantes extremistas que eran infiltrados del SID. Para validar su testimonio no dudó en autoinculparse: 'Todos los atentados cometidos en Italia entre 1969 y 1980 responden a una única lógica y a un único brazo ejecutor, salvo uno y ese lo he cometido yo'".

Terror "rojo"

"EN 1958 KHRUSHCHEV FUNDÓ LA UNIVERSIDAD DE AMISTAD PATRICE LUMUMBA en Moscú para servir como base para el adoctrinamiento y entrenamiento de potenciales 'guerreros de la libertad' pertenecientes a países del Tercer Mundo y que no eran miembros activos del partido comunista. La KGB pronto estableció cursos para entrenar terroristas, no solamente en la Unión Soviética sino en otros países del bloque *oriental"*. Así comienza uno de los párrafos del informe sobre terrorismo elaborado por el servicio secreto español al que pude tener acceso.

La KGB se relacionó principalmente con la Organización para la Liberación de Palestina (OLP) comandada por Yasser Arafat, a través en un primer momento de algunas organizaciones izquierdistas que convivían en su seno. En el informe anteriormente citado leemos: *"La primera facción marxista-leninista dentro de la OLP, el Frente Popular para la Liberación de Palestina (FPLP), sirvió como base para internacionalizar las operaciones terroristas a lo largo de la década de los 70. El FPLP fue fundado en 1967 por el Dr. George Habash. El FPLP alcanzó fama debido a sus operaciones extranjeras especiales que involucraban a países que no estaban directamente envueltos en el conflicto de Oriente Medio. El FPLP justificaba sus actos de terrorismo internacional afirmando que el conflicto palestino no tenía los elementos necesarios para una guerra de masas como las de Argelia o Vietnam y por lo tanto necesitaba métodos más espectaculares para darse publicidad y causarle daño a sus enemigos... Como resultado de la orientación izquierdista tomada por el FPLP, Ahmad Jibril —anteriormente oficial sirio—, uno de sus líderes militares, se separó para formar el Comando General del Frente Popular para la Liberación de Palestina (CG - FPLP). Jibril estableció contactos con el servicio de inteligencia búlgaro, que durante la época 1972-1982 actuó como una subagencia de la KGB para el apoyo internacional a los operativos terroristas de la OLP..."*.

Ion Mihai Pacepa, ex director del servicio secreto rumano durante la era comunista, afirma que Arafat dependió desde siempre del KGB, que lo utilizaba como punta de lanza del terrorismo palestino en Occidente. Según Pacepa: *"En 1972, el Kremlin puso a Arafat y sus redes terroristas entre las principales prioridades de los servicios de inteligencia del bloque soviético, incluyendo el mío"*. Algún tiempo después, Pacepa afirma que el departamento de desinformación del KGB reelaboró un documento de cuatro páginas que Arafat había titulado *Falatiuna* —Nuestra Palestina—, convirtiéndolo en una revista mensual de 48 páginas de la organización terrorista Al-Fatah, a cuya cabeza se encontraba el propio Arafat. La KGB distribuyó dicha revista en todo el mundo árabe y en Alemania Occidental, que entonces contaba con muchos estudiantes palestinos. Para el ex director de los temidos servicios secretos rumanos *"Arafat era un importante agente encubierto del KGB. Inmediatamente después de la guerra árabe-israelí de los Seis Días, Moscú consiguió que fuera nombrado presidente de la OLP. El líder egipcio Gamar Abdel Nasser, un títere soviético, fue el que propuso el nombramiento. En 1969, durante la primera cumbre de la Internacional Terrorista Negra, una organización neofascista y propalestina financiada por la KGB y Gadafi, la KGB le pidió a Arafat que proclamase la guerra al 'imperial-sionismo'. A Arafat le gustó tanto la consigna que posteriormente dijo haberla inventado. En realidad fue una invención de Moscú, una moderna*

Yasser Arafat y Juan Pablo II. Ion Mihai Pacepa, ex director del servicio secreto rumano, asegura que Arafat fue una creación del KGB.

adaptación de los 'Protocolos de los sabios de Sión', el viejo instrumento de la inteligencia soviética para fomentar los odios étnicos. La KGB siempre consideró al antisemitismo sumado al antiimperialismo como una rica fuente de antiamericanismo". Y continua Pacepa: *"El jefe de la inteligencia exterior de la KGB, general Alexander Sakharovsky, nos ordenó darle cobertura —a Arafat— en sus operaciones terroristas mientras levantábamos su imagen internacional".*

Desde mediados de los años 70, la KGB dirigió varios campos de entrenamiento para terroristas en Siria gracias al apoyo del presidente del país.

Moscú envió miles de consejeros militares y agentes del KGB a Siria y además comenzó a vender a buen precio al país asiático importantes equipos militares y armas de todo tipo. Por si fuera poco, el ejército sirio y la KGB entrenaron, financiaron y armaron a un verdadero ejército palestino, formado por miles de militantes de la OLP que simpatizaban con Siria. Conocido como Saika –relámpago– los milicianos de la OLP participaron en el asalto de las tropas sirias al Líbano en 1976.

También desde finales de los 60 la República Popular y Democrática de Yemen del Sur se convirtió en una base terrorista empleada por Moscú para lanzar sus operativos sobre intereses occidentales. Casi 5.000 consejeros militares y de inteligencia dirigían con mano férrea el gobierno de Yemen del Sur.

En 1974, Vladimir Suntsov, responsable de la KGB para el territorio que se extiende desde Libia a Etiopía, llegó a Bagdad (Irak) para buscar a Waddi Haddad, jefe del FPLP, quien se estaba entrenando en este país bajo la tutela de instructores de la KGB y del servicio secreto de Alemania Oriental. Suntsov se llevó a Haddad a Yemen del Sur, donde le ofrecieron como residencia una impresionante mansión con una moderna sala de operaciones controlada por ingenieros de Alemania Oriental. Allí Haddad podía ver el movimiento de las líneas aéreas del mundo entero y recibir informes sobre aquellas aeronaves occidentales que eran más fáciles de secuestrar o de colocar explosivos. Alrededor de la residencia del líder del FPLP había numerosos edificios que albergaban a miles de terroristas palestinos formados en los campos de entrenamiento de la capital de Yemen del Sur.

Después de que el FPLP protagonizara algunas chapuzas sonadas en sus intentos de secuestro y atentado contra aviones de líneas aéreas occidentales, Haddad perdió el apoyo soviético y según algunos informes de ex agentes del KGB fue envenenado para que dejase sitio a otro líder con nuevas ideas.

Durante una reunión mantenida en Bonn a principios de 1984 por los directores de los departamentos de antiterrorismo occidentales se estableció que en los campos de entrenamiento de Yemen del Sur estaban recibiendo instrucción decenas de terroristas europeos de las más variadas ideologías. Entre los terroristas que recibían entrenamiento destacaban algunos miembros de la banda Baader, entonces un activo grupo terrorista de Alemania Occidental. A partir del otoño de 1983 la mayor parte de los atentados cometidos en Alemania Occidental atacaban directamente a los intereses norteamericanos. El general Alexander Haig, que en junio de 1979 se salvó de un atentado con explosivos, facilitó al Senado de los Estados Unidos un informe del que se desprendía que desde que los soviéticos se habían hecho con el control de Yemen del Sur y sus campos de entrenamiento, los terroristas occidentales atacaban principalmente a militares e instalaciones de la OTAN.

En 1979 se produjo un atentado contra la Gran Mezquita de La Meca que fue preparado en los campos de Yemen del Sur utilizando maquetas a tamaño real. Este ataque tenía la finalidad de derrocar a la monarquía saudí, fiel aliada de Estados Unidos.

Jan Sejna, consejero militar del Comité Central del Partido Comunista Checo, logró huir a Occidente, aportando informaciones a los servicios secretos occidentales sobre la existencia de un campo de entrenamiento para terroristas en el bosque checo de Dupov. Más tarde, los servicios secretos italianos descubrieron que los líderes del grupo terrorista Brigadas Rojas denominaban a este campo con el nombre clave de "selva negra".

El general Vito Micelli, quien desde 1970 a 1974 fue jefe del SID, el servicio de inteligencia italiano, afirma que leyó innumerables documentos que mostraban las íntimas conexiones entre la KGB y varios grupos terroristas en Italia. Así en mayo de 1972 el SID dirigió al gobierno un memorándum recomendando la expulsión de veintidós agentes soviéticos radicados en Italia que mantenían contactos con las Brigadas Rojas y otros grupos terroristas.

En los años 70, varios miembros de las Brigadas Rojas que tuvieron que huir de Italia encontraron asilo político en Checoslovaquia, donde siguieron recibiendo entrenamiento militar. Eugenio Raele, antiguo director del secretariado administrativo del Partido Comunista Italiano (PCI) ha confirmado en varias ocasiones la existencia de campos de entrenamiento para terroristas occidentales en Checoslovaquia.

En diciembre de 1977, unos documentos checos les fueron incautados a varios miembros de las Brigadas Rojas. Un año después, el ministro del Interior, Virginio Rognoni, afirmó que la rama milanesa del grupo terrorista de los Autonomias recibió setenta millones de liras a través de la filial italiana de la sociedad checa Skoda.

Según declaró el brigadista arrepentido Antonio Savasta, las Brigadas Rojas estaban interesadas en mantener contactos con representantes de los servicios secretos búlgaros para restablecer la entregas de armas a la OLP, las cuales se habían interrumpido tras la detención del brigadista Mario Moretti en 1981.

Un antiguo agente del KDS, el servicio de inteligencia de Bulgaria, declaró que en los centros de entrenamiento búlgaros para terroristas *"se podía aprender de todo: matar a un hombre sin hacer ruido, conducir una locomotora, hacer saltar un edificio, cifrar la correspondencia. También le pueden enseñar, por ejemplo, a convertirse en un chófer de taxi parisiense, periodista o incluso limpiabotas"*.

El KDS también controlaba una empresa estatal llamada Kintex, la cual según documentos obtenidos por los servicios de inteligencia occidentales realizaba exportaciones de armas por valor de más de 950 millones de dólares al año. Buena parte de dichas exportaciones iban a parar a las manos de diferentes grupos de "liberación nacional", nombre con el que la inteligencia soviética denominaba a los grupos terroristas occidentales.

La verdadera historia de Carlos, el "Chacal"

El famoso terrorista internacional de origen venezolano Illich Ramírez Sánchez, más conocido como Carlos o el "Chacal", gozó durante décadas del apoyo de los servicios secretos del bloque del Este. Así, en Hungría Carlos contaba con el apoyo del presidente Janos Kadar y sus acciones eran supervisadas por Sandor Racz, subsecretario del Ministerio del Interior. El famoso terrorista mantenía varias bases en Hungría que visitaba regularmente después de sus "operaciones" en Europa Occidental. En Rumania, gracias a la simpatía que sentía por Carlos el brutal dictador Ceaucescu, el terrorista también dispuso de varias bases a partir del año 1980. Con el tiempo, Carlos acabaría haciendo "trabajos" para el servicio secreto rumano. En 1981, "el Chacal", atendiendo a las peticiones de sus amigos rumanos, voló Radio Europa Libre de Munich, financiada por la CIA.

Un par de años después, Carlos dejó a un lado su ideología revolucionaria, si es que alguna vez la tuvo, y comenzó a trabajar para el mejor postor. Se convirtió en un hombre de negocios. Comenzó a hacer "encargos" para diferentes servicios secretos, jeques árabes, dictadores, etc. Junto a un grupo de fieles que nunca superó las diez personas se puso en marcha, y al cabo de un periodo de tiempo relativamente corto su cuenta bancaria había aumentado en muchos ceros.

El famoso terrorista Carlos, el "Chacal", utilizado durante décadas por varios servicios secretos.

Pero lo verdaderamente sorprendente de las acciones terroristas que llevaban a cabo Carlos y su grupo es que para nada demostraban una gran profesionalidad. Por decirlo de un modo claro, eran unos verdaderos chapuzas. El terrorista tampoco se comportaba como el superespía que retrataban los medios de comunicación, sino que en los lugares en los que realizaba sus "misiones" solía organizar grandes fiestas que generalmente acababan con peleas, tiros y orgías con prostitutas.

David Yallop, autor del revelador libro *Hasta los confines de la Tierra*, en el que narra sus largas investigaciones sobre la vida de Carlos, llegó a unas conclusiones cuanto menos desestabilizadoras. Yallop, uno de los periodistas de investigación más objetivos y mejor informados del mundo, tras mantener entrevistas con varios agentes de la CIA, el MI6 y otros servicios secretos occidentales, averiguó que Carlos nunca fue asesinado ni detenido porque contaba con el apoyo tanto de los servicios de inteligencia del bloque comunista como de los del bloque occidental. La razón es sencilla: la CIA y otras agencias utilizaron a un terrorista de tercera categoría como Carlos como arma propagandística contra la KGB. Una serie de campañas de desinformación bien preparadas por la CIA hicieron creer a la prensa y a varios reconocidos periodistas que Carlos era algo así como un superespía terrorista entrenado por la KGB para atentar contra los intereses occidentales en el mundo. Dicho de otro modo, la CIA levantó el mito de Carlos dejándolo actuar impunemente, incluso atribuyéndole atentados en los que no había participado. De esta forma nace el mito de Carlos, el "Chacal".

A mediados de los años 80, la KGB se percató del juego que llevaban los norteamericanos y trató de librarse de Carlos y sus secuaces, quienes perdieron definitivamente el apoyo del bloque comunista, encaminando sus pasos hacia Oriente Medio.

Durante su investigación, David Yallop le preguntó a un antiguo agente de la CIA por qué ésta protegía a Carlos. La respuesta del ex espía lo dejó helado: *"Siempre se cuida a los de casa"*.

Jürgen Boock, antiguo terrorista de la Facción del Ejército Rojo, asegura que Carlos mantuvo relaciones con servicios secretos occidentales. En la imagen, uno de sus libros en el que narra sus experiencias en el mundo del terrorismo internacional.

Por otro lado, Abu Iyad, uno de los líderes de la organización palestina Al Fatah, también le confirmó a Yallop que Carlos estuvo protegido durante años tanto por la CIA como por el KGB. En este mismo sentido, Peter Jürgen Boock, antiguo miembro del grupo terrorista alemán Facción del Ejército Rojo, también afirmó ante Yallop que Carlos mantenía estrechas relaciones con algunos servicios secretos occidentales: *"Sé seguro que Carlos tenía un acuerdo con el servicio secreto francés. Se concretó en 1974. El acuerdo era que no le molestarían en territorio francés, ya fuera en Francia propiamente, ya fuera en alguna de sus colonias, siempre que no se desmandara. Carlos se desmandó, claro, pero el acuerdo sigue en pie. Sé seguro que entonces y desde entonces ha estado docenas de veces en Francia, y no precisamente a escondidas. Era como si pasara vacaciones en Francia, y nunca le ocurrió nada. Había acuerdos similares entre los franceses y otros grupos"*.

Estas mismas desestabilizadoras informaciones también le llegaron al periodista por otras vías: antiguos terroristas, ex agentes y agentes secretos en activo y líderes de organizaciones palestinas violentas.

Tras la caída del "Telón de Acero", Carlos ya no era útil para los intereses occidentales por lo que finalmente fue apresado y hoy en día cumple una pena de cadena perpetua en una cárcel de máxima seguridad en Francia.

La guerra de Chechenia y los atentados de Moscú

TRAS LA CAÍDA DE LA URSS muchas de las repúblicas pertenecientes anteriormente al coloso soviético se agruparon en la llamada Federación Rusa. La más importante de todas ellas, Rusia, pretendía hacerse con el control de la recién creada Federación, pero pronto se encontraría con problemas. Y es que algunos territorios de la antigua Unión Soviética pretendían la total independencia de Rusia. Chechenia intentó obtener la independencia por la fuerza, pero sólo consiguió que el entonces presidente Boris Yeltsin ordenara un terrible ataque militar contra la república díscola, dando así un escarmiento a todos aquellos territorios tentados por la separación. Yeltsin no logró su objetivo, sino que comenzó una de las guerras más atroces de los últimos años.

En el mes de setiembre de 1999 estalló en Buinaksk, Daguestán, una bomba matando a 63 personas. Cuatro días después, un segundo artefacto hizo explosión en un bloque de apartamentos del sur de Moscú, ocasionando la muerte a 92 vecinos. El 13 de setiembre un tercer atentado acaba con la vida de 112 personas en otro edificio de la misma zona.

Estos brutales atentados tuvieron lugar en un delicado momento de la política interna rusa. Un mes antes de los atentados, en agosto, el presidente Yeltsin y algunos de sus familiares más directos se vieron salpicados por la publicación de varios casos de corrupción que los implicaban directamente. Además las elecciones presidenciales estaban cerca, por lo que Yeltsin y su corte vieron peligrar sus fortunas y posiciones políticas. Los atentados no hicieron sino que las informaciones sobre corrupción desapareciesen de las primeras páginas de los periódicos. El Kremlin y el FSB, el actual servicio secreto ruso heredero de la KGB, culparon de los actos terroristas a los rebeldes chechenos, obteniendo así un mayoritario apoyo público para iniciar varias operaciones de castigo sobre la díscola Chechenia. Otro de los grandes beneficiados de los atentados fue Vladimir Putin, ex agente del KGB designado por la corte de Yeltsin como su sucesor. Poco después de llegar a la presidencia, Putin había incumplido todas sus promesas electorales y según los sondeos de opinión publicados por la prensa sólo contaba con el apoyo de un 2% de la población. De seguir así la situación tendría que convocar nuevas elecciones. Sin embargo, tras el estallido de la guerra de Chechenia, Putin retomó su popularidad hasta el 60%. Hasta marzo de 2000, Grozny, la capital chechena, fue bombardeada sistemáticamente, dejando unas 70.000 víctimas civiles. La capital acabó literalmente hecha pedazos.

A principios de enero de 2000 surgieron las primeras informaciones que apuntaban a los verdaderos causantes de los atentados con bombas en Moscú y en otras ciudades rusas. Y es que los chechenos rechazaron desde un primer momento su culpabilidad en los atentados. El diario británico *The Independent* se hizo con una cinta de vídeo en la que Alexei Galkin, un teniente de la GRU, el servicio de inteligencia militar ruso, afirmaba que los verdaderos responsables de los atentados habían sido el GRU y el FSB.

La noche del 22 de setiembre de 1999 varios vecinos de un edificio de la ciudad rusa de Ryazan advirtieron la presencia de tres extraños en un coche cerca del edificio. Uno de los inquilinos, Vladimir Vasiliev, vio algo raro en el automóvil. La matrícula delantera había sido cubierta con un papel en el que se había impreso de mala manera el código regional de Ryazan. Sin embargo, la matrícula trasera pertenecía a la ciudad de Moscú.

Vasiliev no se lo pensó dos veces y avisó a la policía. Cuando los agentes llegaron, pudieron observar tres sacos en los que se podía leer la palabra azúcar, colocados en la base del edificio. El oficial Yuri Tkachenko utilizó un dispositivo para analizar si el contenido de los sacos podía ser algún tipo de explosivo, y ante el temor de los presentes así resultó ser. La policía actuó rápido, desalojó el edificio y lo que es más interesante logró capturar a dos de los tres individuos que los vecinos habían visto en las inmediaciones del edificio. Los dos individuos enseguida sacaron su documentación, que mostraba que eran agentes del FSB. Aún así fueron detenidos. Inmediatamente sus superiores en Moscú lograron que la policía liberara a los dos agentes secretos.

Alexei Galkin, ex agente de los servicios secretos rusos, los acusa de ser responsables de los atentados de Moscú que se achacaron a comandos chechenos.

Al día siguiente, para aplacar el gran escándalo que se había montado en la ciudad de Ryazan, el FSB a través de un portavoz afirmó que en los sacos encontrados no había explosivos y que todo se había tratado de un simple *"ejercicio de entrenamiento"*. Según declaró a la prensa más tarde Yulia, la hija de Vasiliev, un agente del FSB le dijo a su padre que *"había nacido en una camisa"*, expresión rusa que significa que alguien es muy afortunado.

Curiosamente un grupo de soldados que habían estado vigilando un almacén militar en el otoño anterior declararon que un día decidieron abrir un saco de azúcar para echar a sus tés, percatándose de que dentro del saco no había azúcar sino un elemento utilizado para la fabricación de bombas. Después de este incidente, varios agentes del FSB hablaron con los soldados advirtiéndoles que no debían comentar nada sobre el asunto.

Por otro lado, el periódico ruso *Novaia Gazzeta* y la agencia *Interfax* publicaron una entrevista con el antiguo ministro del Interior y ex primer ministro Sergei Stepashin, quien afirmó que los planes de invasión contra Chechenia estaban preparados seis meses antes de que se produjeran los atentados con bomba. Algo que contradice la versión que se había dado anteriormente, que afirmaba que se decidió atacar Chechenia por ser milicianos chechenos los responsables de los atentados. En este sentido, Boris Kagarlitsky, miembro del Instituto de Política Comparada de la Academia de Ciencias de Rusia, aseguró que según sus fuentes en los servicios secretos rusos, los atentados de 1999 fueron organizados por el GRU con el fin de que la población apoyara mayoritariamente la guerra contra Chechenia.

Cuando el apoyo popular a la guerra hubo decrecido considerablemente, otro suceso vino a ayudar a Putin y a sus generales. Nos referimos a la toma de rehenes por un presunto comando checheno en el teatro Dubrovka. La periodista rusa Anna Politkovskaya reveló en el semanario *Nezavisimaya Gazzeta* que uno de los miembros del supuesto comando checheno que sobrevivió al asalto de las fuerzas especiales rusas al teatro, comenzó a trabajar meses después en el... ¡gabinete de prensa del presidente Putin!. Ésta y otras extrañas conexiones entre los atentados y los servicios secretos rusos investigaba Sergei Yushenkov, quien formaba parte de la comisión parlamentaria que trataba de esclarecer la verdad sobre los terribles sucesos de 1999. Yushenkov acabó siendo asesinado por desconocidos.

La famosa periodista rusa Anna Politkovskaya denunció en varias ocasiones la implicación de los servicios secretos rusos en actos de terrorismo.

"No existe la prensa independiente. Vosotros lo sabéis y yo lo sé. No hay uno de vosotros que se atreva a escribir sus opiniones sinceras, y si lo hacéis, entonces sabéis de antemano que no aparecerán impresas".

JOHN SWINTON. Jefe de personal del *The New York Times* a principios del siglo XX, durante una conferencia ante varios colegas periodistas.

CAPÍTULO 9

El fino arte de la manipulación

Cómo los servicios de inteligencia y los poderes económicos controlan el mundo de la información, el entretenimiento y la cultura

DICEN QUE LA INFORMACIÓN ES PODER, pero la capacidad de manejar la información o incluso desinformar a grandes masas de población es el verdadero poder en la actualidad. Poderes económicos y servicios de inteligencia se sirven de su control de los medios de comunicación para lograr determinados fines, siempre con la consigna de moldear la realidad según sus intereses.

EN EL AÑO 1986 EXISTÍAN EN ESTADOS UNIDOS 11.000 revistas, 9.000 emisoras de radio, 1.500 emisoras de televisión, 2.400 editoriales y 7 estudios cinematográficos. Prácticamente una veintena de multinacionales de la comunicación poseían la mitad de estos medios de difusión. Sin duda era un dato preocupante que tal cantidad de medios de comunicación se concentraran en unas pocas manos, pero es que en la actualidad, merced a la intensa ola de compras y fusiones, el panorama es todavía más desolador. A esta situación hay que sumarle la decisión tomada el 2 de julio de 2002 por la Comisión Federal de Comunicaciones (FCC), institución presidida por Michael Powell, hijo del actual secretario de Estado Colin Powell. La FCC eliminó una prohibición que impedía que un periódico pudiera adquirir una emisora de radio o televisión en la misma ciudad y situaba en un 45% el porcentaje de audiencia a la que podía llegar una multinacional de los medios de comunicación. Lo anterior supone que un mismo conglomerado empresarial puede poseer periódicos y emisoras de radio y televisión en una misma ciudad sin que ningún poder público se lo impida. Ni que decir tiene que todos las multinacionales de la comunicación forman parte de grupos empresariales con intereses en los más variados mercados: fabricación de armas, transportes, despachos de abogados, industria aeroespacial, etc.

Michael Powell, hijo del secretario de Estado y presidente de la Comisión Federal de Comunicaciones (FCC), está favoreciendo desde su cargo que las multinacionales de la comunicación posean cada vez más poder.

En otras palabras, la libertad de información se está convirtiendo cada vez más en una utopía debido a la cantidad de elementos "distorsionadores" que la dificultan. Lo queramos o no, estamos viviendo la época de la "información globalizada" que nos impone un pensamiento único y una sola visión de la realidad.

Colin Powell,
secretario de
Estado
norteamericano,
durante una de sus
intervenciones
en la ONU
defendiendo
la necesidad
de atacar Irak.

Multinacionales de la información y de la manipulación

LA INDEPENDENCIA DE LOS PROFESIONALES de la información no sólo se ve socavada por los intereses comerciales y políticos de los medios para los que trabajan, sino también por la "dictadura" de la publicidad. Las grandes empresas gastan enormes sumas de dinero en campañas publicitarias, bien para vender sus productos, bien para crearse una determinada imagen. Estas campañas van dirigidas principalmente hacía los grandes medios, lo que impide que periodistas y reporteros puedan publicar informaciones que vayan contra los intereses de los grandes anunciantes. Y es que, como resulta obvio, las emisoras de radio y televisión viven gracias a los ingresos publicitarios de estas grandes empresas. Se podría esperar una mayor independencia de aquellos medios que venden su producto al público: periódicos y revistas, pero es un hecho que estos medios cada vez también dependen más de la publicidad. Esta situación se comenzó a visualizar de modo dramático a partir de mediados de los años 60. En Estados Unidos, entre 1960 y 1967 fueron absorbidos por otros medios apoyados por el *stablishment* empresarial periódicos como el *News Chronicle* o el *Sunday Citizen*, pese a su promedio diario de 9,3 millones de lectores. La desaparición de estos combativos periódicos, siempre en primera línea de fuego para denunciar los trapos sucios de la sociedad estadounidense, se debió únicamente a la falta de apoyo publicitario por parte de los grandes conglomerados empresariales.

Existen muchos ejemplos de la presión que ejercen los intereses publicitarios sobre el trabajo de los profesionales de la información, pero para quedarnos con uno, podemos referirnos a lo sucedido tras la emisión en 1985 del documental *El negocio del hambre* dentro del programa Gulf-Western, de la televisión pública WNET. El documental se mostraba muy crítico con el papel de las grandes transnacionales en el Tercer Mundo, por lo que a partir de ese momento los más importantes inversores publicitarios decidieron retirar su apoyo al programa. Esto nos lleva a la conclusión de que los grandes anunciantes jamás patrocinarán programas críticos con la situación social del momento. Al contrario, financiarán programas complacientes con la realidad y que no entren demasiado en cuestiones polémicas.

En los años 80, cuando las cuestiones medioambientales estaban de plena actualidad, la cadena de televisión norteamericana *NBC* decidió poner en marcha un programa sobre los problemas de medio ambiente a los que se enfrentaba el mundo. La serie documental no encontró patrocinadores porque sugería fallos en las grandes industrias, mientras que el mensaje de estas multinacionales pretendía ser tranquilizador. Normalmente los programas que agradan a los patrocinadores son aquellos que plantean una visión complaciente de la realidad: viajes exóticos, espectáculos, estilos de vida, historias de las estrellas del cine o la televisión, y temas similares. En definitiva, los patrocinadores apuestan por el entretenimiento más superficial y "blanco".

Hoy en día la importancia de la publicidad ha llegado a tal punto para la supervivencia de un medio de comunicación que las grandes cadenas televisivas adaptan su programación para "enganchar" a un determinado tipo de público hacia el que las grandes multinacionales dirigen sus "impactos" publicitarios. Es decir, que para una cadena de televisión puede ser más rentable, por ejemplo, que un determinado programa lo vean un millón de personas, en su mayoría mujeres y amas de casa, que ese mismo espacio sea seguido por tres millones de personas, pero con un perfil más heterogéneo.

Otro factor no menos importante que impide que determinadas noticias lleguen al gran público tiene que ver con la optimización de recursos. Una determinada empresa de comunicación no puede tener profesionales destacados en todos los puntos del mundo donde se producen noticias. De este modo todos los medios de comunicación dependen en buena medida de las agencias de prensa, empresas que cuentan con informadores en casi cualquier rincón del mundo y que luego distribuyen esas informaciones a una pléyade de medios en cualquier parte de este planeta. Así los medios de comunicación suelen concentrar a sus periodistas en lugares en los que el flujo de información está asegurada, es decir, ruedas de prensa e instituciones oficiales como ministerios, juzgados, ayuntamientos, sedes de partidos políticos, etc. Por lo tanto la información que nos llega procede de dos fuentes claras: instituciones y medios oficiales, y grandes agencias de prensa, que en definitiva son el objetivo hacia el que se dirigen las "operaciones desinformativas" de gobiernos, servicios de inteligencia y grandes intereses económicos. Para decirlo claramente, la mayor parte de la información que nos llega de los grandes medios ya ha pasado por el tamiz de la "oficialidad".

No en vano los partidos políticos, multinacionales e instituciones militares se gastan ingentes cantidades de dinero en medios de comunicación y gabinetes de relaciones públicas. Por ejemplo, el Pentágono estadounidense posee un servicio de información pública en el que trabajan miles de empleados y se gastan también miles de millones de dólares al año. En los años 1979 y 1980, durante un periodo de relativa apertura, la Fuerza Aérea de los Estados Unidos reveló públicamente parte de su "ejército informativo". Poseía 140 periódicos, 34 emisoras de radio y 7 de televisión, una revista con una tirada de 125.000 ejemplares, etc. Además patrocinaba 14.000 conferencias al año. La Fuerza Aérea en esa época financió 148 películas y cientos de programas de radio en todo el país. En 1971, un estudio publicado por el *Armed Forces Journal* reveló que el Pentágono publicaba en ese momento un total de 371 revistas con un coste anual de decenas de millones de dólares. Hasta principios de los 80 el Pentágono editó en total 1.203 publicaciones periódicas.

Otra forma de presionar a los medios de comunicación para que se comporten adecuadamente con los centros oficiales es la codiciada publicidad institucional. En todos los países occidentales los ministerios, ayuntamientos y todo tipo de instituciones públicas tienen asignados unos generosos gastos para publicidad. En definitiva se trata de inyectar grandes cantidades de dinero en los medios de comunicación, bajo la excusa publicitaria, para conseguir que las informaciones publicadas sean beneficiosas para dichas instituciones.

Todo lo anterior genera un descarado "conchabeo" entre el poder político, el financiero y el periodístico, que redunda negativamente en la calidad de la información que le llega al público y en la imposibilidad de que surjan nuevos proyectos periodísticos de corte más independiente. De este modo, no sorprende el dato que a pesar de la enorme cantidad de dinero que genera la industria de la prensa en Estados Unidos, no ha habido un solo periódico que haya sido lanzado con éxito en el país durante los últimos veinte años. Sí, surgen nuevas revistas, pero en su mayoría pertenecen a los grandes gigantes de los medios que tienen acceso a las redes de distribución, promoción y ventas. En Hollywood, en los últimos cincuenta años, tampoco se ha logrado establecer con éxito ningún nuevo estudio cinematográfico.

La actual situación de "cuasi" monopolio informativo, donde los grandes medios se concentran en unas pocas manos, se lo debemos en gran parte a los gobiernos conservadores de Ronald Reagan y Margaret Thatcher en los años 80, en Estados Unidos y Gran Bretaña respectivamente. La "dama de hierro" y el antiguo "cowboy", defensores a ultranza del sistema capitalista más salvaje, defendían la desaparición de los medios de comunicación públicos, que en ambos países tenían ganada una merecida fama de objetivos. Bajo estos gobiernos, tanto en la *BBC* como en la *PBS* norteamericana se impusieron una serie de restricciones informativas. Además la política informativa de los gobiernos Thatcher y Reagan se centró en lograr que empresarios de la comunicación amigos se hiciesen con el control del mayor número de medios posibles. En Gran Bretaña era ya escandalosa la alianza entre Thatcher y el gran empresario de la comunicación australiano Rupert Murdoch, dueño de un holding que tiene periódicos, productoras, televisiones, revistas y radios por todo el planeta, principalmente en Gran Bretaña y Estados Unidos. Como pago a una serie de iniciativas del gobierno británico en cuestión de leyes que beneficiaron enormemente a las empresas de Murdoch, los medios del empresario apoyaron sin cortapisas al partido de Thatcher en las elecciones de 1987 y 1992. Lord McAlpine, antiguo tesorero del Partido Conservador, comentó después de las elecciones de 1992 que *"los verdaderos héroes de la campaña electoral fueron los editores de la prensa conservadora... Fue así como se ganaron las elecciones"*. El poder de Murdoch es tal en Gran Bretaña que Tony Blair viajó a Australia en 1995 para entrevistarse con el magnate y asegurarle que si llegaba al gobierno no lo iba a perjudicar. A cambio obtuvo un trato no demasiado severo de los medios conservadores del multimillonario empresario.

Desinforma que algo queda

A PRINCIPIOS DEL AÑO 2002, el diario *The New York Times* desveló la existencia de una extraña institución dependiente del Pentágono llamada Oficina de Influencia Estratégica, cuya función, según revelaron fuentes militares a los periodistas, era generar informaciones falsas para convencer a la opinión pública internacional de las bondades de la guerra contra el "terrorismo" que había puesto en marcha la administración Bush. Uno de los planes de esta oficina de desinformación era engañar a importantes agencias de prensa y medios de comunicación extranjeros con noticias falsas que beneficiaran a los intereses del gobierno estadounidense. Después, pensaban los estrategas del Pentágono, estas informaciones serían recogidas por los medios norteamericanos, con lo que obtenían un doble beneficio: por un lado influían en la opinión pública extranjera y por otro en la de su propio país haciendo más creíbles las informaciones beneficiosas para la administración Bush, porque éstas no provenían de medios sospechosos afines a Bush, sino de medios de comunicación de países que no apoyaban sus políticas.

El escándalo provocado por las revelaciones de *The New York Times*, que incluso fue tratado en el Congreso estadounidense, hizo que el propio secretario de Defensa, Donald Rumsfeld, se viese obligado a presentar sus disculpas y a anunciar el cierre de la oficina. Poco después, una vez amainado el temporal, se reemplazó por otra similar bajo el nombre de Oficina de Planes Especiales. Uno de los "halcones" más importantes de Washington, íntimo amigo de Rumsfeld, escribió un incendiario artículo acusando a los periodistas y a la izquierda estadounidense de privar al gobierno un instrumento de guerra indispensable como es la desinformación. El presidente de la ultraderechista fundación Center for Security Police fue todavía más allá al afirmar, recordando una frase de Winston Churchill, que *"la verdad es demasiado preciosa como para que no sea precedida de un cortejo de mentiras"*.

La Casa Blanca también se sirvió de otro organismo, la Oficina de Comunicaciones Globales, para imponer su punto de vista sobre las guerras de Irak y Afganistán. Esta oficina se encargaba de emitir informes diarios sobre la guerra que se distribuían a cientos de portavoces militares estadounidenses en todo el mundo, a miles de periodistas y a todos los miembros del gobierno, con el fin de conseguir un mensaje unificado sobre los parabienes de la guerra frente a la opinión pública. Es precisamente en el seno de esta oficina donde se gestó la figura del "periodista incrustado", es decir, los informadores que iban con el contingente militar norteamericano en la guerra y que informaban a sus medios de la marcha de los combates. La finalidad de esta nueva "figura periodística" era lograr el control del informador, ya que una de las condiciones para que el Pentágono admitiese a los periodistas era que estos debían obedecer en todo momento a las consignas emitidas por el jefe de cada unidad militar. Ni que decir tiene que cada uno de estos jefes recibían "apuntes" diarios de sus superiores sobre lo que deberían hacer en cada momento con los "incrustados".

Desde la guerra del Vietnam, en donde las terribles imágenes emitidas por la televisión estadounidense generaron una ola de rechazo a la guerra sin igual, el Pentágono decidió no volver a cometer un error de ese tipo. A partir de ese momento, los militares iban a controlar hasta el mínimo detalle toda la información e imágenes referidos a la guerra. La famosa frase de *"en una guerra la primera víctima es la verdad"* nunca se hizo tan cierta como a partir de la I Guerra del Golfo en el año 1991. Los espectadores asistimos a lo que a través de las pantallas parecían fuegos artificiales. Casi no vimos víctimas y la información se refería machaconamente a los misiles inteligentes, que sólo destruían el blanco prefijado por lo que los civiles no tenían nada que temer. La *CNN*, televisión elegida por el Pentágono para ser la portavoz ante el mundo de los intereses norteamericanos, hizo de la guerra un gran espectáculo, como si se tratase de una final de la NBA. Meses después de terminada la guerra supimos la verdad: decenas de miles de víctimas civiles y un país absolutamente destruido.

La relación entre la *CNN* y la inteligencia militar de Estados Unidos salió a la luz de forma clara cuando se supo que en 1999 la cadena de televisión había empleado a militares estadounidenses expertos en guerra psicológica y desinformación. El mayor Thomas Collins, del Servicio de Información de la Armada estadounidense, reconoció ante la prensa que *"miembros del personal de PSYOPS (Operaciones Psicológicas del Ejército), soldados y oficiales, han trabajado en las instalaciones centrales de la CNN, en Atlanta, a través de nuestro programa formación en las empresas. Trabajan como informadores normales de la CNN. Es posible que hayan trabajado en la preparación de materiales informativos en el curso de la guerra de Kosovo. Han ayudado a producir noticias".*

En un principio la *CNN*, a través de su portavoz Megan Mahoney, negó las informaciones publicadas en varios medios, pero tras las declaraciones del mayor Collins simplemente dijo que necesitaba consultar a los directivos de la cadena. Jamás llegó una declaración oficial de la *CNN* sobre los hechos. Las manipulaciones, por supuesto, continuaron. Por ejemplo, pocos minutos después del atentado de las Torres Gemelas, la CNN emitió unas imágenes en las que se veía a ciudadanos palestinos celebrando algo. El presentador de la cadena dijo sobre estas imágenes,—que enseguida se distribuyeron a las televisiones de todo el mundo, que eran palestinos celebrando el atentado. Días después se supo que era una burda mentira. Las imágenes pertenecían al archivo de la CNN y tenían varios años de antigüedad.

Otro dato más. El principal motivo que convenció a la opinión pública norteamericana de que era necesario iniciar una guerra contra el tirano de Irak tras la invasión de Kuwait fueron las declaraciones de una joven enfermera kuwaití que aseguraba que cuando los soldados de Hussein entraron en el hospital en el que trabajaba, desactivaron las incubadoras de varios bebés causándoles la muerte. Su dramático testimonio hizo que los norteamericanos diesen el parabién a una "guerra justa". Meses después se supo que en realidad la presunta enfermera era una familiar del embajador de Kuwait en Estados Unidos y que no había estado en Kuwait en el momento de la invasión. La propia protagonista narró años después ante las cámaras de una televisión como varios especialistas del ejército norteamericano le dijeron pormenorizadamente lo que debía decir y cómo debía hacerlo. Hasta la vistieron adecuadamente para la ocasión, con unas ropas pobres, que nada tenían que ver con los caros "modelitos" que la joven vestía habitualmente.

Durante la última Guerra del Golfo, la sarta de mentiras que los miembros de la administración Bush adujeron para justificar una guerra a todas luces imperialista rayó en el más absoluto de los absurdos. Ver al secretario de Estado Colin Powell afirmando ante la ONU que Irak poseía peligrosas armas de destrucción masiva, sin ofrecer una sola prueba y con cara de "esto no me lo creo ni yo", llamaba a la risa y el chiste fácil si no fuera porque esa guerra nos dejó miles de víctimas civiles y un país al borde de la guerra civil. En otra "estelar" aparición, Powell nos mostró unas borrosas fotografías de camiones, que según el secretario de Estado eran la prueba palpable de que Irak utilizaba fábricas móviles de armas químicas.

En la última guerra de Irak, la ultraderechista cadena *Fox* ocupó el lugar que anteriormente le había pertenecido a la *CNN*. La *Fox*, con sus periodistas y comentaristas ultraconservadores, sus músicas de marchas militares y su total adhesión a los postulados de la Casa Blanca se hizo pronto con todo el apoyo de la administración Bush. Cuando Estados Unidos decidió expulsar del país a Mohamed Allawi, corresponsal de la agencia Iraqi News, Hussein respondió echando de Bagdad al corresponsal de la *Fox*. La cadena norteamericana fue la principal impulsora de una campaña de descrédito contra Francia y Alemania, los principales opositores a la guerra, a los que diariamente dedicaba todo tipo de epítetos insultantes.

De hecho, la *Fox* es en gran medida la responsable de que Bush lograra la presidencia. Y no nos referimos al apoyo mediático que recibió en la campaña electoral. No. Por primera vez en la historia de Estados Unidos —¿y tal vez del mundo?— una televisión "nombró" a un presidente. Cuando el monumental lío de las papeletas electorales en Florida, donde se jugaba la presidencia, estaba en su máximo apogeo y el ganador de las elecciones era todavía una incógnita, *Fox News* anunció en exclusiva que Bush era el ganador. El resto de los medios de comunicación, para no

La ultraderechista cadena televisiva Fox es el principal apoyo mediático de la administración Bush. Un primo del presidente, encargado de la dirección informativa de la cadena en la noche electoral del 2000, fue el responsable de que la *Fox* anunciase que Bush había ganado las elecciones cuando esto todavía no se sabía. El resto de canales internacionales no contrastaron la noticia e informaron que Bush era el nuevo presidente de Estados Unidos. Luego ya era imposible dar marcha atrás.

quedarse descolgados, se sumaron al "carro" dando por ganador al texano. Y es que a nadie se le pasaba por la cabeza la posibilidad de que una de las grandes cadenas televisivas del país se arriesgase a ofrecer tan trascendente información sin ningún dato que la respaldase. Pero esa era la triste realidad. Cuando el resto de medios esperaban que la *Fox* sacase su "as de la manga", no hubo as. La ultraderechista cadena dio la información como parte de la estrategia del comité de campaña de Bush para lograr la aceptación de su victoria en los medios. Cuando la *CNN*, *ABC*, *CBS* o el resto de canales se dieron cuenta de la jugarreta ya era demasiado tarde. Sería una debacle que todas las grandes televisiones del país rectificasen una información tan importante. Más tarde se supo que la noticia partió de John Ellis, el directivo encargado de la cobertura informativa de la noche electoral y, por cierto, ¡primo de Bush!

La batalla de la opinión pública ya estaba ganada, sólo faltaba que los jueces del Tribunal Supremo de Estados Unidos, la mayoría nombrados durante la administración de Bush padre e íntimos amigos del clan, decidiesen paralizar el recuento de votos y darle la victoria a George W. Bush. Fue el juez Clarence Thomas el encargado de dar una explicación a la opinión pública de tan extraña decisión: *"El recuento de votos que son cuestionables legalmente amenaza irreparablemente, a mi parecer, con perjudicar al demandante (Bush) y al país, al ensombrecer lo que él (Bush) considera que es la legitimidad de su triunfo en estas elecciones"*. Está clara la explicación, si el recuento de votos demostraba que Al Gore había ganado las elecciones, Bush se vería perjudicado. De risa. Por cierto, la esposa del juez Thomas acababa de ser contratada por Bush para formar parte de sus asesores. Si a esto le sumamos las argucias que llevó a cabo Jeb Bush, el hermanísimo gobernador de Florida, para sacar de las listas electorales a decenas de miles de potenciales votantes de Al Gore —principalmente negros y gente de los barrios más desfavorecidos— sólo podemos calificar de "pucherazo bananero" lo ocurrido en Estados Unidos durante las elecciones presidenciales del 2000.

Durante la invasión de Irak se produjeron infinidad de manifestaciones en todas las partes del mundo. Millones de personas se echaron a las calles para protestar contra la guerra, incluso en Estados Unidos. Sin embargo, los grandes canales televisivos estadounidenses no lo veían así. La *NBC*, la *ABC*, la *CNN* o la *Fox* se dedicaron a mostrar algunas imágenes de pasada, aludiendo a manifestaciones a favor y en contra de la guerra. Lo cierto es que si hubo manifestaciones a favor de la guerra, pero localizadas en el estado de Texas y a las que acudían menos de 1.000 personas. Mostrar imágenes de las multitudinarias manifestaciones contra la guerra y hablar de concentraciones a favor y en contra es una grosera manipulación informativa, pero nada parecido a cómo presentaban las concentraciones de repulsa a la invasión de Irak en los países árabes: manifestaciones a favor del tirano Hussein, según los presentadores de estas cadenas.

Pero el punto culminante de la gran campaña para obtener el apoyo de la opinión pública a la guerra llegó con el "rescate" de la soldado Jessica Lynch. Así nos presentaba el *Washington Post* su captura: *"La solda-do Jessica Lynch, rescatada el martes de un hospital iraquí, luchó con valentía y abatió a varios soldados enemigos... Lynch, de 19 años y encargada de los suministros, continuó disparando contra los iraquíes incluso después de haber recibido varios impactos de bala y vio morir alrededor de ella a varios soldados de su unidad* durante el enfrentamiento del 23 de marzo, según informó un oficial... Luchó hasta el final —declaró el oficial—. No quería que la capturaran con vida". Su rescate también fue narrado por los medios como una operación épica en la que

La soldado Jessica Lynch fue utilizada por el Pentágono para una campaña propagandística de fervor patriótico, hasta que la militar decidió contar la verdad.

todo el grupo de operaciones que la liberó puso en peligro sus vidas. La realidad, lejos de la campaña propagandística del Pentágono, era bastante más prosaica. La unidad de la soldado se perdió y ante su falta de preparación para interpretar los mapas entraron directamente en la ciudad de Nasiriya, que todavía no estaba bajo el control de los norteamericanos. Los soldados escucharon algunos tiros en la lejanía que no iban contra ellos, pero se asustaron saliendo cada uno por su lado y por lo tanto perdiendo el contacto. La soldado Lynch quedó herida tras volcar el coche en el que viajaba, así que fue trasladada a un hospital, sin ningún tipo de vigilancia militar y bien atendida por el personal médico. Cuando apareció el equipo de rescate no hubo ningún tipo de resistencia, es más algunos miembros del hospital explicaron que intentaron llevar a la herida hacía las posiciones de los norteamericanos, pero ante el fragor de los combates decidieron llevarla de vuelta al hospital. Sin embargo, los equipos de operaciones psicológicas del Pentágono decidieron crear una historia totalmente ficticia para mayor gloria del ejército. La *CBS* llegó a ofrecerle a Lynch un contrato para explotar su historia a través de una película, un libro y un concierto que se emitiría a través de la *MTV*. Al final, la soldado, apesadumbrada por tantos homenajes y entrevistas en las que se le ponía de ejemplo para los jóvenes estadounidenses, se cansó de la farsa y confesó ante los medios toda la verdad. La pregunta es: ¿cuántas de éstas nos han colado?

Tras finalizar la invasión de Irak, un organismo dedicado al control de los medios de comunicación analizó el tratamiento que le dieron a la guerra los informativos de la tarde de seis grandes canales televisivos estadounidenses. Algunas de las conclusiones más escandalosas eran que sólo un 4% de los comentaristas de la guerra pertenecían a organismos que no dependían del gobierno; de 840 comentaristas que eran o habían sido militares o funcionarios gubernamentales, sólo cuatro se mostraron contrarios a la guerra; las pocas intervenciones de individuos contrarios a la acción bélica consistían en frases cortas pronunciadas por ciudadanos en entrevistas en la calle.

Un ministerio de cultura llamado CIA

Desde un principio, uno de los mayores éxitos de la CIA fue crear periódicos, emisoras de radio, compañías aéreas y todo tipo de empresas que, además de financiarlas, podían ser utilizadas para las operaciones de la agencia. La CIA nació tras la desaparición de su antecesora, la OSS (Oficina de Servicios Estratégicos), cuyos miembros se encargaron de poner en marcha el nuevo superservicio secreto de Estados Unidos. A la OSS pertenecieron los hijos de las familias más importantes de la nación. Los hijos del multimillonario Mellon trabajaron de espías en buena parte de las capitales europeas, al igual que los vástagos de J. P. Morgan, de los Archbold (Standard Oil), los Weil (grandes almacenes Macy´s), los DuPont (grandes financieros), etc. Fue esta élite la que proyectó la influencia de la CIA en infinidad de consejos de administración, instituciones académicas, periódicos... Así comenzó la agencia secreta a influir decisivamente en la opinión pública internacional y en los grandes eventos culturales durante la Guerra Fría. Los soviéticos intentaron aprovecharse de la sagrada norma de la libertad de expresión sobre la que se asentaban las democracias occidentales para poner en circulación en Occidente su propaganda. Esto hizo que la CIA se tomase en serio la cuestión de la propaganda, iniciando una serie de operaciones que involucraban a intelectuales, músicos, actores o novelistas.

Uno de los intentos más conocidos de irradiar la ideología soviética en el territorio enemigo tuvo lugar a finales de marzo de 1949 en la ciudad de Nueva York. La KGB, aprovechándose de la influencia que ejercían los intelectuales comunistas e izquierdistas en Estados Unidos, puso en marcha un macrocongreso titulado "Conferencia Cultural y Científica para la Paz Mundial". Escritores, científicos y literatos soviéticos compartieron cartel con otros colegas de la izquierda estadounidense. La KGB esperaba que este congreso fuese la cuña de entrada de la ideología comunista en Norteamérica. La CIA pronto se puso manos a la obra, reclutando a algunos de los escritores participantes como André Malraux o los futuros premios Nobel Bertrand Russell o Albert Schweitzer, quienes se dedicaron a espiar y a interceptar el correo de los intelectuales soviéticos. Los Russell y compañía se dedicaron durante toda el congreso a rebatir y ridiculizar a los soviéticos, a la vez que la CIA ponía en marcha una campaña en los medios de comunicación para demostrar que el congreso no era más que una tapadera del KGB para influir en la opinión pública estadounidense. El FBI, por su parte, puso bajo vigilancia a los intelectuales izquierdistas norteamericanos que habían participado en el congreso, a la vez que evitaba por todos sus medios que publicaran artículos periodísticos o novelas en periódicos o editoriales de Estados Unidos.

Bertrand Russell, el popular escritor y premio Nobel, fue utilizado por la CIA.

Meses después, debido al éxito de su operativo de "contrainformación", la CIA decidió continuar atacando a la ideología comunista, esta vez apoyando los trabajos y libros de antiguos comunistas, desencantados por los derroteros que circulaba la revolución soviética. La CIA organizó una costosa campaña publicitaria para estos intelectuales que desde entonces serían conocidos como el grupo de la izquierda no comunista. Dos de los principales estrategas de esta campaña eran Arthur Koestler, consejero de campañas de propaganda del Foreign Office británico, y William Donovan, director del servicio secreto norteamericano durante la II Guerra Mundial y uno de los creadores de la CIA.

Pero sin duda el mayor golpe de la CIA en esta guerra ideológica y cultural contra los soviéticos fue la creación del Congreso por la Libertad Cultural, una institución permanente cuyo cometido era la celebración de todo tipo de actividades culturales –teatro, pintura, música…– en Estados Unidos, Europa y Latinoamérica. Como bien apuntan algunos historiadores, la CIA se convirtió a través del Congreso por la Libertad Cultural en el verdadero Ministerio de Cultura de Estados Unidos.

El dinero para las caras actividades culturales llegaba a la organización a través de la Fundación Farfield, una tapadera creada expresamente por la CIA para transferirle fondos al Congreso por la Libertad Cultural. La organización financiada por la CIA sirvió de altavoz para las obras de numerosos artistas, escritores e intelectuales de la talla de Igor Stravinsky, Jean Cocteau, Laurence Olivier, André Malraux, Glenway Westcott o el español Salvador de Madariaga. En la publicidad de las actividades del Congreso se podían leer cosas como que las obras creadas en muchos países del mundo libre mostraban *"la conveniencia de que los artistas contemporáneos vivan y trabajen en un ambiente de libertad. Se exhibirán obras maestras que no hubieran podido ser creadas ni se hubiese permitido su exhibición por parte de regímenes totalitarios como la Alemania nazi o la actual Rusia soviética y sus satélites, como ha sido puesto de manifiesto al haber calificado esos gobiernos de degeneradas o burguesas a estas pinturas o esculturas".*

La CIA creó otras muchas organizaciones culturales como el Comité por la Europa Libre, cuya sección encargada de recoger fondos se llamaba Cruzada por la Libertad, de la que era su principal representante Ronald Reagan, entonces un actor de segunda clase. La Cruzada por la Libertad servía en realidad para lavar el dinero destinado a apoyar una operación dirigida por el agente William Casey, futuro director de la CIA, cuya finalidad era contratar a científicos y militares nazis para trabajar con el ejército y los servicios secretos de Estados Unidos en su lucha contra los comunistas.

La CIA también influyó decisivamente en la aceptación por parte de los críticos y el público del arte moderno y abstracto, a pesar de los ataques que este tipo de arte recibió por parte de algunos senadores norteamericanos que lo consideraban un plan del KGB para socavar los principios del arte más conservador de Occidente. *"Todo el arte moderno es comunistoide... Los artistas ultramodernos son utilizados, sin saberlo, como armas del Kremlin",* llegó a afirmar el senador George Dondero. Más allá fueron las afirmaciones de otro senador: *"el arte moderno es en realidad un medio de espionaje. Si se conoce la forma de interpretarlos, los cuadros modernos revelan los puntos débiles de las defensas norteamericanas, y otras construcciones fundamentales como la presa Boulder".*

Sin embargo, la agencia de espionaje de Estados Unidos, mucho más pragmática y menos conspiranoica, vio que la élite política soviética también despreciaba el arte moderno, calificándolo de *"decadente ejemplo del arte capitalista"*, así que decidió aprovechar la situación. El ex agente de la CIA Donald Jameson explica de la siguiente manera el por qué del apoyo del servicio secreto al arte moderno: *"nos habíamos dado cuenta que era el tipo de arte que menos tenía que ver con el realismo socialista, y hacía parecer al realismo socialista aun más amanerado, rígido y limitado de lo que era en realidad... Moscú por aquellos días era muy violento a la hora de denunciar cualquier cosa que no se adaptase a sus rígidos esquemas. Así pues se podría deducir con razón que todo aquello que criticasen con tanto encono y violencia merecía ser apoyado de una u otra forma. Por supuesto, cuestiones de este tipo sólo se podían hacer a través de las organizaciones o las acciones de la CIA, pero indirectamente, de lejos... Además no debía y no podía haber una relación más próxima porque la mayoría de ellos eran gente que tenía muy poco respeto por el gobierno, y ciertamente, ninguno por la CIA. Si había que utilizar a personas que se consideraban a sí mismos de una u otra forma más próximos a Moscú que a Washington, tanto mejor, quizá".* Para ello la CIA se sirvió del más prestigioso museo de arte moderno del mundo, el MoMA —Museo de Arte Moderno de Nueva York—. El MoMA estaba presidido por Nelson Rockefeller, miembro de la multimillonaria familia y que había dirigido el servicio secreto de Estados Unidos en Latinoamérica durante la II Guerra Mundial. El consejo de administración del museo también estaba plagado de ex agentes de inteligencia. Lo de "ex" es un decir, porque en el mundillo del espionaje todos saben que quien ha sido agente nunca deja de serlo, y a lo largo de su vida sigue realizando labores para el "servicio" siempre que se lo requieran.

Como era de esperar, el MoMA, en colaboración con el Congreso por la Libertad Cultural, conocido como el Ministerio de Cultura de la CIA, elevaron el arte abstracto a lo más alto dentro del mundo de la cultura. Durante décadas patrocinaron a jóvenes artistas, organizaron exposiciones, editaron libros y revistas sobre el "nuevo arte", lograron un enorme apoyo del gobierno y los grandes medios de comunicación, etc. Eso sí, poniendo siempre de manifiesto que un arte de este tipo siempre nacía de la libertad, algo, siempre resaltaban, que nunca podría ocurrir en los países comunistas.

Cuando se descubrió el trascendente papel de la CIA en el reconocimiento del arte moderno, varios pintores y escultores se suicidaron al no poder sobrellevar el hecho de que durante décadas habían estado trabajando para la organización que más odiaban en este mundo.

Por supuesto Hollywood también recibió una atención preferente por parte de los servicios de espionaje estadounidenses. En 1955 se celebró una reunión de los jefes del Estado Mayor Conjunto para poner en marcha la operación "Militant Liberty". La finalidad de este plan era explicar al gran público, a través de las películas de Hollywood, las verdaderas condiciones de opresión que se daban en el comunismo y los nobles prin-

El Museo de Arte Moderno de Nueva York (MoMA) sirvió de pantalla para una gran operación de la CIA cuyo fin era promocionar el arte moderno.

cipios sobre los que fundamenta el sistema del "mundo libre". En 1956 varios altos cargos del Estado Mayor mantuvieron numerosas reuniones con productores, directores y actores como John Wayne, John Ford, Merian Cooper, Ward Bond, etc. para poner en marcha la operación propagandística. El renombrado director John Ford había sido durante la II

Guerra Mundial jefe de fotografía de la OSS, la agencia de espionaje predecesora de la CIA. También había elaborado varios documentales secretos que sólo se proyectaban a destacados miembros del gobierno. En 1946, Ford creó su propia productora: Argosy Pictures, cuyos accionistas eran casi todos antiguos agentes de la OSS. Cooper, socio de Ford y también ex agente de la OSS, fue por ejemplo el responsable del nacimiento de Fred Astaire y Ginger Rogers como pareja.

John Wayne y otros actores y directores importantes de Hollywood sirvieron con sus películas a los intereses propagandísticos de la agencia de espionaje estadounidense.

De las reuniones entre los estrategas del Estado Mayor y algunos de los más importantes miembros de la meca del cine nacieron películas de claro corte propagandístico como *Telón de acero*, *Cita a las once*, *La invasión de los ladrones de cadáveres*, *Misión en Moscú*, etc., además de toda una serie de películas del oeste protagonizadas por Wayne y que resaltaban siempre los valores norteamericanos.

La CIA, por su parte, también contaba con varios agentes en Hollywood. De entre todos ellos el más importante era Carleton Aslop, miembro del Grupo de Operaciones Psicológicas de la agencia y que operaba bajo la careta de productor y agente cinematográfico. Aslop no sólo informaba a la CIA sobre las veleidades comunistas de algunos de sus compañeros, sino que también hacía todo lo posible por eliminar de las películas producidas en Hollywood cualquier escena o personaje contrario a los intereses estadounidenses. En uno de los informes que Aslop mandaba a la CIA, ya desclasificado, se puede leer: *"He conseguido eliminar perso-*

najes americanos borrachos, normalmente en papeles importantes, cuando no prota- gonistas, de las siguientes películas: 'El gran Houdini'; reportero americano borra- cho; eliminado por completo, puede que tengan que hacer nuevas tomas para corre- girlo. 'La leyenda de los incas'; eliminadas las partes del guión en las que los perso- najes americanos se dedican a beber en exceso…".

Howard Hunt, uno de los grandes agentes de la CIA envuelto en todo tipo de operaciones sucias a lo largo de treinta años –asesinato de Kennedy, Watergate, Bahía de Cochinos…– le encargó personalmente a Aslop que viajara a Inglaterra para conseguir de la viuda de George Orwell el permi-

so para rodar una película de dibujos animados basada en la novela de Orwell *Rebelión en la granja*. Según escribió Hunt en sus memorias, *"de esta visita pro- cede la película de dibujos animados 'Rebelión en la granja', que la CIA financió y distribuyó por todo el mundo"*. La CIA también hizo posible que Hollywood produ- jera *1984*, una impactante pelí- cula basada en otra obra de Orwell que denunciaba la per- versidad de los totalitarismos,

El superagente de la CIA Howard Hunt ordenó a uno de sus hombres que consiguiera los derechos para el cine de "Rebelión en la granja" de George Orwell.

tanto de derechas como de izquierdas, pero los estrategas de la CIA la uti- lizaron como arma propagandística contra el comunismo. Es más, en los años 50 la OTAN llegó a utilizar en sus comunicados públicos la misma jerga que empleaba Orwell en su novela. Podemos decir, por lo tanto, que tanto la novela como la película basada en su obra le proporcionaron al bando occidental uno de sus grandes mitos durante la Guerra Fría.

Habría mucho que contar sobre las operaciones de la CIA en el mundo de la cultura y el espectáculo, como la infiltración de varios agentes en el PEN Club, la prestigiosa asociación internacional de escritores, o sus esfuerzos para que no se le concediese en Premio Nobel de Literatura a escritores izquierdistas, pero pienso que lo aquí expuesto muestra a las claras la enorme influencia de la agencia de espionaje en cualquier campo de la vida… Y lo que no sabemos y probablemente nunca sepamos.

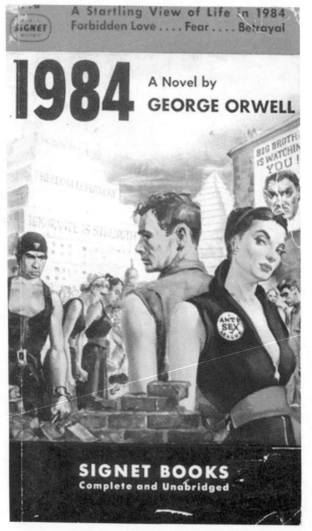

1984, la popular novela de Orwell, fue llevada al cine gracias a los manejos de la CIA.

BIBLIOGRAFÍA

ALI, TARIQ: *Bush en Babilonia: La recolonización de Irak*. Alianza. Madrid, 2003.

ALLE, GARY y ABRAHAM, LARRY: *Nadie se atreve a llamarle conspiración*. Ediciones Ojeda. Barcelona, 1998.

ALONSO, LUCÍA: *Pensando África. Una excursión a los tópicos del continente*. Más Madera. Barcelona, 2000.

AMIN, SAMIR y HOUTART, FRANÇOIS: *Globalización de las resistencias: el estado de las luchas*. Icaria. Barcelona, 2003

AROCA, SANTIAGO: *El gran engaño. La guerra del Golfo. La implicación española*. Planeta. Barcelona, 1991.

ARQUILLA, JOHN: *Redes y guerras en red*. Alianza. Madrid, 2003.

ATTAC: *Pongamos a la OMC en su sitio*. Icaria. Barcelona, 2002.

BÁEZ, LUIS: *El mérito es vivir. Objetivo: Asesinar a Castro*. Editorial la Buganvilla. Barcelona, 2002.

BENITO, ÁNGEL: *La invención de la actualidad*. Fondo de Cultura Económica. Madrid, 1995.

BLANCO REVILLA, MARISA (ed): *Las ONG y la política: detalles de una relación*. Istmo. Madrid, 2002.

BRZEZINSKI, ZBIGNIEW: *El juego estratégico*. Planeta. Barcelona, 1988.

BUSTELO, PABLO y F. LOMMER, YOLANDA: *La economía china ante el siglo XXI. Veinte años de reforma*. Ediciones Síntesis. Madrid, 1996.

CAMACHO, SANTIAGO: *20 grandes conspiraciones de la historia*. La esfera de los libros. Madrid, 2003. *Las cloacas del Imperio. Lo que EEUU oculta al mundo*. La esfera de los libros. Madrid, 2004.

CARBALLAL, MANUEL: *Expedientes secretos: El CESID, el control de las creencias y los fenómenos inexplicables*. Planeta. Barcelona, 2001.

CARDEÑOSA, BRUNO: *11-S. Historia de una infamia*. Ediciones Corona Borealis. Madrid, 2003. *11-M. Claves de una conspiración*. Espejo de Tinta. Madrid, 2004.

CHABAL, PATRICK: *África camina: El desorden como instrumento político*. Bellaterra. Barcelona, 2002.

CHOMSKY, NOAM y HERMAN, EDWARD S.: *La quinta libertad*. Crítica. Madrid, 1990.

CHOMSKY, NOAM: *Cómo nos venden la moto*. Icaria. Barcelona, 1995. *La cultura del terrorismo*. Editorial Popular. Barcelona, 2002. *Poder y terrorismo: Reflexiones posteriores al 11/9/2001*. RBA Libros. Barcelona, 2003.

CIERVA, RICARDO DE LA: *Los signos del Anticristo. Iglesia, masonería y poderes ocultos ante el tercer milenio*. Fénix. Madrid, 1999.

COEN, LEONARDO y SISTI, LEO: *Marcinkus, el banquero de Dios*. Grijalbo. Barcelona, 1992.

COOLEY, JOHN K.: *Guerras profanas. Afganistán, Estados Unidos y el terrorismo internacional*. Siglo XXI de España Editores. Madrid, 2002.

COURTWRIGHT, DAVID T.: *Las drogas y la formación del mundo moderno*. Paidós. Barcelona, 2002.

DELPIROU, ALAIN y LABROUSSE, ALAIN: *El sendero de la cocaína*. Laia. Barcelona, 1988.

DEUTSCHER, ISAAC: *Rusia después de Stalin*. Martínez Roca. Barcelona, 1972.

DÍAZ HERRERA y TIJERAS, RAMÓN: *El dinero del poder*. Información y Revistas S. A. Madrid, 1991.

DÍAZ SALAZAR, RAFAEL (ed): *Justicia global: Las alternativas de los movimientos del Foro de Porto Alegre*. Icaria. Barcelona, 2002.

DURANDIN, GUY: *La información, la desinformación y la realidad*. Paidós. Barcelona, 1995.

EQUIPO EIR: *Narcotráfico S. A.* The New Benjamin Franklin House. Nueva York, 1985. *El complot para aniquilar a las Fuerzas Armadas y las naciones iberoamericanas*. EIR. México D. F., 1993.

ELEY, GEOFF: *Un mundo que ganar: historia de la izquierda en Europa*. Crítica. Barcelona, 2003.

FANJUL, ENRIQUE: *Revolución en la revolución. China, del maoísmo a la era de la reforma*. Alianza. Madrid, 1994.

FERRE, JEAN-LUC: *La acción humanitaria*. Paradigma. Madrid, 1997.

FOYACA DE LA CONCHA, MANUEL: *Lenin y la revolución de 1905*. Instituto de estudios Políticos. Madrid, 1976.

GARCÍA MOSTAZO, NACHO: *Libertad vigilada: el espionaje de las comunicaciones*. Ediciones B. Barcelona, 2002.

GEORGE, SUSAN: *Otro mundo es posible si...* Icaria. Barcelona, 2004.

GIORDANO, EDUARDO: *Las guerras del petróleo: geopolítica, economía y conflicto*. Icaria. Barcelona, 2002.

GRET, MARION: *Porto Alegre. La esperanza de otra democracia*. Debate. Barcelona, 2003.

GUGLIOTTA, GUY y LEEN, JEFF: *Los reyes de la cocaína*. Planeta. Barcelona, 1990.

HAYEK, FRIEDERICH A. VON: *Camino de servidumbre*. Madrid. Alianza, 1990.

HELD, DAVID y McGREW, ANTONHY: *Globalización/antiglobalización: Sobre la reconstrucción del Orden Mundial*. Paidós. Barcelona, 2002.

HEMELINK, CEES J.: *La aldea global: El papel de los trust en la comunicación mundial*. Gustavo Gili. Barcelona. 1981.

HERMAN, EDWARD S. y McCHESNEY W., ROBERT: *Los medios globales: Los nuevos misioneros del capitalismo corporativo*. Cátedra. Madrid, 1999.

HIGUERAS, GEORGINA: *China. La venganza del dragón*. Península. Barcelona, 2003.

HUBAND, MARK: *África después de la Guerra Fría*. Paidós. Barcelona, 2004.

Informe confidencial del CNI: "Introducción al terrorismo, sus organizaciones, operaciones y desarrollo".

KEPEL, GILLES: *La revancha de Dios*. Anaya & Mario Muchnik. Madrid, 1995.

KLEIN, LEÓN: *La gran mentira. ¿Y si Bin Laden no fuera el culpable?* Pyre. Barcelona, 2002.

LAQUEUER, WALTER: *La guerra sin fin: El terrorismo en el siglo XXI*. Destino. Barcelona, 2003.

LAURENT, ERIC: *El mundo secreto de Bush*. Ediciones B. Barcelona, 2004.

LESTA, JOSÉ: *El enigma nazi: el secreto esotérico del III Reich*. Edaf. Madrid, 2003.

LÓPEZ REY, JOSÉ ANTONIO: *Solidaridad y mercado*. A Coruña. NETDIBIO, 2001.

LUHMANN, NIKLAS: *La realidad de los medios de masas*. Antrophos. Barcelona, 2000.

MARX, KARL: *El manifiesto comunista*. Ayuso. Madrid, 1975.

METZ, ISHMAEL: *El Islam: líderes y apóstatas*. PASA. Barcelona, 2001. *Osama Bin Laden*. PASA. Barcelona, 2001.

MEYSSAN, THIERRY: *La gran impostura. Ningún avión se estrelló en el Pentágono*. La esfera de los libros. Madrid, 2002.

MOORE, MICHAEL: *Estúpidos hombres blancos*. Ediciones B. Barcelona, 2003. *¿Qué han hecho con mi país, tío?* Ediciones B. Barcelona, 2004.

NIXON, RICHARD: *La verdadera guerra*. Planeta. Barcelona, 1980.

OSTROVSKY, VÍCTOR y HOY, CLAIRE: *Por el camino de la decepción*. Planeta. Barcelona, 1991.

OUKRENT, CHRISTINE y MARENCHES, Conde de: *Secretos de estado*. Planeta. Barcelona, 1987.

PANY, LYNN: *China después de Mao. Una nueva evolución*. Planeta. Barcelona, 1988.

PASTOR, JAIME: *Qué son los movimientos antiglobalización: Seattle, Génova, Porto Alegre*. RBA. Barcelona, 2002.

PERES, SHIMON: *Que salga el Sol*. Seix barral. Barcelona, 1999.

PETRAS, JAMES y VELTMEYER, HENRY: *El imperialismo en el siglo XX: La globalización desenmasacarada*. Editorial Popular. Madrid, 2003.

QUIRÓS FERNÁNDEZ, FERNANDO: *Estructura internacional de la información: El poder mediático en la era de la información*. Síntesis. Madrid, 1998.

REIG, RAMÓN: *El control de la comunicación de masas*. Produiti. Madrid, 1995.

REINARES, FERNANDO: *Terrorismo global*. Taurus. Madrid, 2003.

RIERA MONTESINOS, MANUEL (ed): *La batalla de Génova*. El Viejo Topo. Barcelona, 2001.

RIETT, DAVID: *Una cama por una noche: el humanitarismo en crisis*. Taurus. Madrid, 2003.

RÍOS, XULIO: *China ¿Superpotencia del siglo XXI?* Icaria. Barcelona, 1997. *China, la próxima superpotencia*. Laiovento. Santiago de Compostela, 1997.

RODIER, MICHAEL: *Caballo desbocado: La heroína en la calle*. Anagrama. Barcelona, 1984.

RODRÍGUEZ MORENO, MANUEL: *Sueños de libertad*. Sevilla. Cambio 16, 2002.

ROLAND, JACQUARD: *Los documentos secretos del terrorismo*. Planeta. Barcelona, 1986.

ROMAÑA, JOSÉ MIGUEL: *Armas químicas, nucleares y biológicas. La gran amenaza*. Quirón Ediciones. Valladolid, 1998.

SAID, EDWARD W.: *Gaza — Jericó: Pax americana*. Navarra. Txalaparta, 1995.

SALAZAR, ALONSO J.: *Pablo Escobar: Auge y caída de un narcotraficante*. Planeta. Barcelona, 2001.

SHOW, EDGAR: *La China contemporánea: el otro lado del río*. Fondo de Cultura Económica. México D. F., 1965.

TAIBO, CARLOS: *Guerra entre barbaries. Hegemonía norteamericana, terrorismo de estado y resistencias.* Suma de las letras. Madrid, 2002

THOMAS, GORDON: *Las torturas mentales de la CIA.* Ediciones B. Barcelona, 2002. *Semillas de odio. La conexión china con el terrorismo internacional.* Ediciones B. Barcelona, 2002.

VAN GRASDORF, GILLES: *El Dalai Lama.* El País Aguilar. Madrid, 1996.

VIDAL, GORE: *Soñando la guerra: sangre por petróleo y la junta Cheney-Bush.* Anagrama. Barcelona, 2003.

VINUESA, ARTURO: *El puzzle afgano.* Fundamentos. Madrid, 2002.

VV. AA.: *Los centros de poder de la Trilateral.* Hórdago. San Sebastián, 1979. *Intifada: La luz del levantamiento palestino.* Txalaparta. Navarra, 1991. *Octubre rojo.* Temas de Hoy/Historia 16. Madrid, 1997. *Política y consumo de drogas en Europa.* Universitat de les Illes Baleares. Palama de Mallorca, 1998. *El África que viene.* Intermón. Barcelona, 1999. *China en transición.* Bellaterra. Barcelona, 2000. *La transparencia de la solidaridad.* Comunidad de Madrid. Madrid, 2001. *Atlas de la criminalidad financiera. Del narcotráfico al blanqueo de capitales.* Ediciones Akal. Madrid, 2002. *Lenguaje colateral: Claves para justificar una guerra.* Páginas de Espuma. Madrid, 2003. *Porto Alegre se mueve: Veinte opiniones sobre el futuro del Foro Social Mundial.* Los Libros de la Catarata. Madrid, 2003.

Warschawski, Michel: *Israel-Palestina: La conciencia binacional.* Los Libros de la Catarata. Madrid. 2001.

Wieviorka, Michel: *El terrorismo. Violencia política en el mundo.* Plaza & Janés/Cambio 16. Barcelona. 1991.

Wolfrang, Leonardo: *La triple escisión del marxismo.* Guaraná Publicaciones. Madrid. 1972.

WOODWARD, BOB: *Bush en guerra.* Península. Barcelona, 2003.

XIAO ZHOU, KATE: *El poder del pueblo.* Bellaterra. Barcelona, 1998.

YALLOP, DAVID: *Hasta los confines de la Tierra. A la caza del Chacal.* Planeta. Barcelona, 1993.

ZHISUI, LI: *La vida privada del presidente Mao.* Planeta. Barcelona. ,1995.

Los lectores que deseen ponerse en contacto con el autor pueden hacerlo en las siguientes direcciones:

Correo electrónico: miguelpedrero@hotmail.com

Dirección postal: Apartado de correos 1244
15080 A Coruña